JN074263

学校現場発、

これが本物の
道徳科の
授業づくり

平山勉 編著

主体的・対話的で
深い学びの原点は
道徳科の授業の中にある

教育方法学のすすめ

黎明書房

はじめに

　教育の不易流行は，永遠のテーマである。昨今，いじめ被害が社会問題化しているが，人が他人と協力し合い生活を営む社会性を子どもに醸成することは，後世に引き継ぐべき「知識」の伝承と並んで重要な教育の働きである。しかし，「いじめはいけない」という知識を効果的に子どもに伝達することに取り組むだけが教師の仕事ではなく，より重要なことは，子ども自身が「命の大切さ」を自分なりに理解し，「まわりとうまく生活をしていく必要性」を子ども自身が自分の論理の積み上げで理解することである。この背景には，授業づくりの根本に，教師自身が知っている知識を児童・生徒に確実に伝達することにエネルギーを費やすことと，児童・生徒自身が「知りたい」「学びたい」という主体的な意欲をいかに醸成していくかという，一見相反することがあるからだ。

　我が国では，ほぼ10年前後で学習指導要領の改訂が行われてきて，2020年度から始まる学習指導要領に合わせて学校現場ではカリキュラムマネジメントを含め多くの努力がなされている。

　文部科学省がホームページ等で発信している情報をまとめると「学校での学びを核として，『生きる力』を身につけ，これからの社会が，どんなに変化して予測困難な時代になっても，自ら課題を見付け，自ら学び，自ら考え，判断して行動し，それぞれに思い描く幸せを実現していくこと」と説明されている。さらに，「児童・生徒がどのように学ぶか」ということが重要視され，児童・生徒が「何ができるようになるか」という資質・能力の育成が重要とされている。したがって，児童・生徒が「何を学ぶか」という「学習内容」とそれを「どのように学ぶか」ということにおいて，教師の従来の授業づくりからの脱皮・脱却が求められるのである。

　具体的な授業づくりの方向性として提唱されているのが「主体的・対話的で，深い学び」で，それまでの「アクティブ・ラーニング」をよりイメージできるようになっている。しかし，近年の授業づくりへの警鐘として「活動あって学びなし」と批判があるように，授業の諸活動が教科で必要とされる知識・技能の獲得につながり，児童・生徒の「思考力・判断力・表現力」の涵養・育成に有効につながっていくかが大切である。

　私自身，教職課程の必修領域である「教育方法論」「教育方法・技術論」等を担当していて，序盤の授業および授業全体を終えての学生からの振り返りや感想で多いのが，「当初，教育方法論と言うと，どのように子ども（児童・生徒）にわかりやすく教えるかの方法について学ぶことができると思って身構えていたが……」という書き出しのレポートである。

ちなみに，そこからの後半の主に学んだ部分は，受講生が 100 人いれば，100 通り異なる。これが典型例で，「100 人に対する授業は，あくまでも一つであるが，それをきっかけとした学び方は，100 通り」ある。したがって，学習者の数だけの学びがあり，それを誘発したり，導いたりするのが，授業をする側にとっては「教育方法」と言える。

　このことは，学校行事の中核をなす「運動会」や「体育祭」を例に挙げれば，仮にオリンピックに出場経験のある教師がいても，「運動会」や「体育祭」は，その教師自身が走ったり，演技をしたりするのが，主目的ではなく，その教師が児童・生徒に走り方やマスゲーム等を指導したり，児童・生徒が全力を発揮できるように当日の運営面を支えたりすることこそが，教師の仕事であり，「運動会」や「体育祭」の主役は，全力で演技や競技に没頭する児童・生徒であるのだ。

　演技の表現性・シンクロ度，児童・生徒の集中度，また競技種目の場合は，優秀な成績を収めたときに，その児童・生徒の力を引き出した指導者の力量が称えられる。しかし，こうした教師の仕事は，指示通り動くロボットのプログラミングのような教え込みだけでは，成立しない。なぜなら，「運動会」や「体育祭」で実際に演技等のパフォーマンスをする児童・生徒の意欲，前向きな気持ち，まわりと一体になろうとする協調性，さらには，練習で体得できたものを本番でいかに発揮できるか等，無数の不確定な要素があるからである。

　今，生まれたばかりの新生児が，成人し活躍する社会がどのようになっているか，すべての人にとって予想不可能な将来——「不確実で」「予測不可能な時代」をいかに力強く生き抜いてもらうかという観点から，文部科学省が「生きる力」と命名した。その「生きる力を育む」ために，学校就学前の幼稚園・保育園から，小学校，中学校，高等学校，そして，大学，さらには，大学院等のすべての教育機関が，従来の教師が主導して一方的に教え込むような，児童・生徒の側から見ると「受身の学習方法」から，自身が主体的に学んでいく学習及びそれを支える学習意欲を喚起する主体的・対話的で深い学びの授業づくりが必要とされている。

　その一方で，大津市いじめ自殺事件（2011）を契機として，「道徳教育」の重要性が求められ，「特別な教科道徳」が小学校で 2018 年度，中学校では，2019 年度から開始された。

　従来から行われれてきている「道徳教育」，さらには，教育哲学・教育原論等からの学問的な観点をはじめ，多くの議論・積み上げがある。私たち，小学校，中学校等の授業づくり・学校づくりを提案している立場として，本書では，今後，教師を目指す教職履修学生，若手教員に，授業づくり・学校づくりの観点から，我々の著者メンバーの選りすぐりの道徳教育実践を通して「本物の道徳科の授業づくり」を提案している。

　まずは，一読していただきたい。それが，主体的・対話的で深い学びの授業づくりについて，読者なりの見方，考え方を育む契機となることを約束する。

平山　勉

目　次

はじめに　1

第1章　理論編 ——————————————— 5

   1　教育方法学のすすめ　6

   2　道徳の授業づくりをどのように進めるか　16

   3　「考え，議論し，さらに深く考える」道徳科の授業づくり　22
     ——「道徳の教科化」から「教科の道徳化」へ

   4　人権教育の柱としての道徳科の授業　32

第2章　実践編 ——————————————— 41

小学校実践

   1　「学級づくり」を基盤とした道徳科の授業　42
     ——小学校1年「森のゆうびんやさん」の実践を通して

   2　"先人教材"で考え議論する道徳科の授業　52
     ——小学校6年「杉原千畝"命のビザ"」の実践を通して

   3　道徳資料の教材研究　62
     ——子どもたちが道徳資料から問題意識をもつために

中学校実践

   4　「参加する」授業（能動的授業）を目指す　74
     ——中学校1年「深幸（みゆき）ちゃんのこと」の実践を通して

5 生徒理解に基づく「対話」を通して道徳性を高める授業を目指す　86
　　──中学校2年「泣いた赤鬼」の実践を通して

6 授業作りと対話を大切にし，道徳的価値を高めるための授業の創造　98
　　──中学校1年「おばあちゃんの指定席」の実践を通して

特別実践

7 中心発問から広がる深い学び合い　110
　　──他者との対話を通して自己の成長へとつながる授業をめざして

8 道徳科の授業における「役割演技」　120
　　──話し合いを重視した役割演技を取り入れて

特別研究編　教師の一人称映像と注視点に着目した授業研究　──　127

第3章　シンポジウム報告「激論　道徳をどう教えるか」　────　135

おわりに　149

1

理論編

1 教育方法学のすすめ

1 主体的・対話的で深い学びと授業づくりの課題

（1）主体的な学び

　皆さん自身や周りの方々を振り返ると，「プロ野球やＪリーグの選手の出身地や現在の成績」「全ての元号」「円周率」「宇宙のこと」「プログラミング」「環境問題」等に詳しい知識を持っていることは，両親や周りから強いられて身につけた場合よりも，自ら，いつの間にか身につけている場合の方が多いことを自覚するであろう。このことは，前著『本物のアクティブ・ラーニングへの布石』でも述べたように，「他者から流し込まれた知識」より「自分自身が獲得を意識した知識」の方が，記憶保持の観点でも，次の活用につながることでも勝るのである。読者の皆さんが，スポーツや趣味に関わることでも，ある分野の知識が同僚よりも詳しい場合，そのほとんどは，自分自身の興味・関心に基づいており，「覚えたいという」目標もほぼなく，体得していることが多い。

（2）授業実践能力育成

　本節以降は，前著『今日の授業実践から明日の授業実践を創造する』『本物のアクティブ・ラーニングへの布石』でも述べたことを基に再構成したものである。主体的・対話的な深い授業づくりを追究し，実現していくことが教師の重要な責務と考えるからだ。

　今日，高度な専門性と実践的な指導力を有する教師養成及び現職教師の再教育の充実が求められている。教師にとって，授業実践能力は，教育の専門家として求められる根幹をなす力量と言える。授業実践能力に関する研究と定義は多岐に渡る。小金井・井上（1979）は学習者への対応行動のカテゴリー分析を行い教授モデルという観点から授業実践能力を論じている。西之園（1981）は「教育技術とは，教育者の実践的活動における客観的な規則による行動あるいは形成の判断力過程である」ということで，授業内での教師の意思決定及び指導案作成等の授業設計段階の判断力を含めた観点で教育技術を定義している。この教師の意思決定に焦点を当てた代表的な研究としては，吉崎（1988）のシェイベルソンやクラークらによる教師の思考過程研究の弱点を指摘しながら，授業計画とのズレに焦点を当てた意思決定モデルを提出したものがある。

　さらに，井上（1995）は，教師の持つ教授行動のレパートリーとその構成方法の観点から，実践的能力育成を論じている。細川（2000）は，教師の学びと成長という観点から授業実践能力に関する研究の意義を述べている。

　筆者らは，授業を設計（デザイン，プラン），実施，省察し，改善をはかりながら次回以

降の授業を設計する，一連の PDCA（Plan，Do，Check，Action）サイクルを通して，学習者の理解，集団指導，学級づくり，学習指導・授業づくり，教材解釈等の力量を育成していくことは重要と考える。しかし，教師は毎日の授業実践以外の仕事も多く，自身の授業実践を記録し，分析・考察したり，同僚及び他校の教師の授業等を参観したりすることは教員個人の努力に委ねられている。さらに，教職課程履修生の場合，教育実習等の学校現場以外では包括的な力量を伸ばす機会は少ない。したがって，そうした時間，距離等の制約を解消できる授業研究の方法が求められている。

（3）　専門職としての教師教育の課題

　「教員の資質能力の向上特別部会答申」（2012 年 5 月 15 日）は，専門職として，①「責任感，探究力，自主的に学び続ける力」，②「専門職としての高度な知識・技能」，③総合的な人間力（コミュニケーション力，チームで対応する力）の重要性を説いている。委員の一人である安彦忠彦氏は，医師の「人間の生物的生命を守る」，弁護士の「人間の社会的生命を守る」と比較して，「教師は，人間の精神的生命を守る」職業と主張されている。

　近年，PCK（Pedagogical Content Knowledge）の重要性も認識されている。PCK とは，「教育内容を効果的に教えるための知識」である。教えるべき内容そのものに対する知識がたくさんあることは，それはそれで重要なことではあるが，それをいかに児童・生徒に伝えていくかがより大切なのである。多くの場合，「自分が学んだように教える」ことが基本となるが，成功経験のある者が，これから学ぶ者に教える時，ともすると自分流の教え込みとなってしまう弊害が多い。昨今，社会問題になっているスポーツ指導における体罰，暴力問題もその根幹に，「自分が体罰を糧にしてプラスの成功体験ができた」ことがある場合が少なくない。一方で，「教育内容に精通しているだけでも教えることは難しい」ことも，教育の難しさである。よくマニア的な話術，内容が受け入れられないことが多いこともそのことを証明している。したがって，教師は，対峙している学習者にとって，「教えるべき内容を学べる教育内容の知識」に変換する専門的な力量が必要なのである。

　さらには，一斉指導，グループ指導，個別指導の中で，学習者の意欲を伸ばすことができる対話能力，対人関係を構築する能力も必要である。

　筆者は教員を目指す自主的な勉強会（自主ゼミ）を組織しているが，教師が児童・生徒，保護者及び地域の方々に，最初に接するときの第一印象をよくすることを目指し，自主研鑽をすすめている。その代表格が，メラビアンの法則を理解しての「表情筋トレーニング」「発声トレーニング」「場面指導（朝の ST，校門指導，三者面談等）のロールプレイ」等である。そうした中でも，筆者が重要視しているのが，KR（Knowledge of Results）である。これは，学習心理学でよく使われる「学習者に対する結果のフィードバック」を意味する。学習者の言動，行動に教師が何らかの反応（うなずき，応答，板書等）を磨くことである。

そして，どのような場面であっても，指名した児童・生徒へのKRをメラビアンの法則を生かして対応するのが重要と考えている。

> アルバート・メラビアン（Albert Mehrabian）が1971年に，著書『Silent Messages』で調査し，感情を伴うコミュニケーションにおいて，好意とも反感ともとれるメッセージが発せられたとき，メッセージを受け取る側は，言語情報より聴覚情報や視覚情報に影響を受ける，ということが判明している。

学校場面を例にとれば，「A君の言いたいことはわかるよ」と言葉（内容）では，発信していても，それと矛盾するかのような「児童・生徒と視線を合わせない」「不誠実な表情」等があれば，児童・生徒は，「先生は，自分を受け止めてくれない」というメッセージとして受け取る可能性が高いと理解していきたい。したがって，児童・生徒の学習意欲を高めていくためには，いわゆる非言語伝達手段である，表情，うなずき等も駆使していかないと「主体的・対話的で，深い学び」を実現していくことはできない。

（4）「教授」と「学習」の関係

子ども（学習者）が，「あれ？」「どうして？」と素朴に感じた疑問，関心の中にこそ，真の教材（学習材）がある。教師は，そうした子どもの動的な（昨日の子どもと今日の子ども，そして，明日の子どもの関心やこだわりは刻々と変化している）思考体制を俊敏に捉えようとする姿勢，スタンスが重要である。

授業では，子ども自身の「あれ？」「どうして？」という素朴なピュア（純粋）な疑問等を「気づき」にもっていくために，個々の子ども（学習者）の思考のための土台形成（俗に「足場を固める」と言われている）に愚直に努力することが重要である。教師自身の先入観や思い込みでの「気づき」と実際の子どもの「気づき」には，必ず「ズレ」がある。それを真摯に受け止めて，その「ズレ」を埋めていくのが，授業過程の大きな意義のはずである。

しかし，多くの教師は，教師の先入観や思い込みによる子どもの「気づき」を土台（出発点）として，次の段階の教師による説明，解説，「実験」等に進んでいるのが大半である。したがって，子どもの「気づき」を，子ども自身による主体的な学びにつなげていくかが重要である。

個々の子どもの「調べ」「実験」「発表」という重要な子どもの思考体制を受容するための大切な段階に，教師の先入観や思い込みの枠（換言すれば，教師によって都合よく解釈，受け止めている）を脱却していくかが課題であった。この脱却に「主体的・対話的で深い学び」を導入した授業は大きく貢献することが期待できる。

加えて，この子どもの「発表」という段階から，意見の対立，共有，共感，磨きあいというプロセスを経て，「子どもの行動の変容」という本来の目標に向かって欲しいところであ

るが，「発表」の段階で教師の受け止め方や，子ども同士の磨き合いが不十分なため，結果として，望ましい行動の変容が達成されていない。しかし，この子ども自身の行動の変化が期待できることも「主体的・対話的で，深い学び」の授業づくりでは重要である。

2　学校づくり

（1）主体的・対話的で深い学びを生み出す学校づくり

　皆さんは，お気に入りのコンサートライブ，博物館や美術館の企画展示をご覧になる時に，その環境，見せ方等の重要性に気づかれると思う。提供されるライブ，展示にはその解釈に基づいた，舞台装置，照明，音響，衣装等多くの工夫，苦労があり，私たちは視聴，参観等に没頭できるのである。

　学校の授業や行事を含めた教育活動も，学校長，教育委員会，地域の方々，様々な分野の専門家，保護者らとの連携のもとで，児童・生徒が夢中になって学習に取り組む学習環境が整えられていく。これらを「学校づくり」と呼称されるが，学校の休憩時間（10分が基本であるが，時間帯によっては，15分や20分，あるいは，8分や9分），授業時間（通常45分，50分であるが，30分や55分，60分，70分，75分）等は，学校長を中心に児童・生徒の学びの充実を考慮して考えられている。さらには，医師や弁護士，スポーツ選手らを招いたゲスト講師を活用すること，学校裁量の時間の活用や地域の人材を活用した部活動，学校のイベントや授業の様子を発信する学校ホームページ，地域検定との連携，職業体験や保護者の職場訪問等，多くの学校づくりの優れた取り組みがある。（前著『本物のアクティブ・ラーニングへの布石』にも愛知県の優れた実践を紹介している。）

（2）　教師の立ち位置の変化に対応していく

　教師は，授業の流れ，運営に全面的な責任を担い，子どもへの「情報提供」を中心とした「人類が一人前として覚えておくべき知識，知恵」を子どもに効率良く流し込むことにこそ，教師としての専門性が問われた。今日，子どもたちに「これだけは習得して欲しい」という知識や知恵の総数は肥大化し，かつ，その知識や知恵の賞味期限がいつまでかも含め，不確かな時代である。現代の教育を受けた子どもたちが，今後新たに生み出される職業に就くのが当たり前となっている時に，従来型の「知識伝達型」の授業のあり方は，大きく議論と検討がなされるべきである。

　前著でも述べたように，我々教師も「知識伝達型」を主の授業タイプとするのは時代遅れと言って間違いがない。教師は，「プロデューサー・コーディネーター的な立ち位置として主体的・対話的で深い学びを生み出す授業」の担い手である。平成10年度の学習指導要領の改訂の際に多面的に議論された「学習者の学びの適切なサポーター（きっかけづくり，学び合いの環境づくり，相互での発表支援等）」をさらに深化させていくことが重要である。

（3） 子どもの「気づき」「自立を支援する」メンターとしての教師

　子どもの学びの質を保証するという観点から，子どもの有用感，自尊心の向上，自己肯定感を向上させる，いわば，「メンターとしての教師」も今日の教師に備えて欲しい立ち位置である。いわば，子どもの学習活動において，「気づき」の支援，安全面や子ども相互の人間関係づくりに力を注ぐことから，子どもが授業空間に「安心して授業を受けることができる」「子ども自身の気づきを安心して吐露，表出できる」プロデューサーになって欲しい。そのためには，7ページでも述べたように子どもの発言や行動に対して，受容を言語及び非言語で伝える「KR」のスキル（語彙や表情の豊富さ，役者としての教師，「声」を磨く（声色の使い分け），倍音，非倍音の使い分けができる等）が重要である。

（4） 授業のツールだけではなく，子どもの思考を育てるICTの活用

　例えば，保護者の都合で幼少時に外国で学んだ生徒がバイリンガルであるように，現代のAI技術やインターネットに代表されるICT時代を生き抜く子どもたちは，テレビ放送，映画，ゲーム等の種々の映像メディアから多くの情報を獲得しており，その情報獲得経験を通して，誰にも習わずに，「映像文法」を習得している。我々，教育者は，この「映像文法」に合致したマルチメディア・ICT教材の制作から活用を図らないと，それこそ，子どもたちに，標準語の中に，突然，方言が混じっているような受け取り方をされ，本来の学習に没頭できなくなってしまう。

　教師は，こうしたことも含め，子どもの思考を育てるマルチメディア・ICTの活用を進めていく必要がある。

（5）授業記録を通した教職課程履修生の力量形成の可能性

　より精緻な授業記録の作成は，子どもの変容状況の継続的・総合的把握及び教授行動の検討などに必要である。ビデオカメラによって撮影された授業の記録（以下，「映像記録」と呼称する）には，文字化された授業記録だけからは読みとることのできない授業者や子どもの表情，身ぶり等の非言語情報が含まれているので，授業過程をイメージ化するのに有効である。

　これから教師を目指す諸君にとって，熟練教員の児童・生徒の発言を認めるKRは，小学校低学年から，高等学校まで，個々に異なるであろうし，その対象の児童・生徒が，教科が得意な場合と不得意な場合とで異なってくることを学んで欲しい。

　筆者らは，ネットワークと携帯デバイスを活用し，授業の記録を即時的に交流し，分析・考察を含めた成果を蓄積・配信できる映像記録の特性を生かした授業研究の方法を提唱している。そして，教職課程履修生及び初任者の授業実践能力の育成に資する授業実践能力育成支援システムの開発を目指している「特別研究辺」では，その最新の実践例を紹介してい

る。こうした試みを通して，履修当初は，教師が想定した指導案通りに進行していくことのできる授業スキルに着目していた教職課程履修生が，授業映像記録のフレーム内の教師と学習者の行動や表情から読み取ることができるようになるには，授業過程のごく一部で，実際の授業は種々の諸要因が複雑に絡み合っていることに気付き，授業の難しさ，奥の深さに触れていくようになっていくことが重要である。したがって，教職課程履修生や初任者教師が，自身の授業観，子ども観，教材観等をフル動員することで，授業映像記録をフレーム内から，視聴不可能なフレームの外，実際の授業場面，教師や子どもの息づかいをイメージできるような支援を目指していきたい。そうした授業を学ぶ反復，反芻作業を通して，授業映像記録を活用して教師としての力量を高めようとする教師を育てていくことに力を注ぎたい。しかし，若手教員が，他の教育実践家の映像記録に触れる機会を作り出すことに困難さがあることも見過ごすことができない。これは授業実践能力の育成が個人の責任であるというわけではなく，教育委員会及び研究サークル等との連携でより効果的に行える可能性があると考えている。筆者らは，「授業映像記録を通して教師としての力量を高める」（http://www.jugyou.jp/）といったサイトを運用している。学校教員の志願者が，授業実践に取り組んでいる教師及び研究者の「授業を見る視点」を，授業の映像記録を基に交流し共有することを通して，互いに教師としての力量を高めていくことを今後も支援していきたい。

3　総合的な学習の時間・探究の授業づくりの課題

　「総合的な学習の時間」は，平成8年の中央教育審議会答申（第一次答申）及び，これを踏まえた平成10年の教育課程審議会答申において創設が提言されたことを受けて，平成10年，11年に改訂された当時の学習指導要領に位置付けられ，平成14年度から順次本格実施された。

　「環境」「国際理解」「情報」「福祉・健康・ボランティア」という4つの教科横断的な柱を学校・地域の実情に応じて学校独自のカリキュラムの作成が求められた。「教科」「学級・学年」「1時間の授業時間」等の壁を越え，複数の教員が協力して授業を実施する「チーム・ティーチング」の重要性も確認された。

　学び方やものの考え方の習得，主体的な問題解決等への態度の育成，生き方についての自覚の深化等を目指すことにより，[生きる力]をはぐくむことをねらいとする当時の改訂学習指導要領の趣旨を実現する上で極めて重要な役割を担うものとされ，最新の学習指導要領にもつながっている。

　しかし，黎明期は，諸活動そのものが目的となり，その後の「アクティブ・ラーニング」が提唱された時でも「活動あって学びなし」的ないわば個々の児童の調べること，体験することが，教科の知識・技能の「内化」として充分につながっていなかったことが多かった。

残念ながら，今日の授業実践でも，これらの状況が少なからず継続している。筆者らは，児童・生徒の「気づく」「調べる」「発表する」「行動する」という４段階を基軸としながら，地域の実情，学校種間の連携をはかりながら，教科・教科内容とのすりあわせを実施するカリキュラム・マメジメントをそれぞれの学校が行うことを通して，個々の授業づくりの充実があると考えている。2020年度から小学校の「プログラミング」もスタートするが，従来の「教科」での位置づけ，中学校，高等学校への接続を含め，児童・生徒にとっての「学び」という観点でこの「総合的な学習の時間」（2022年度からの高等学校の「探究の時間」）のカリキュラムマネジメントの経験を生かしていくべきと考える。（参考；文部科学省 (http://www.mext.go.jp/)）

4　道徳の授業づくりの課題

　前項で述べたように，平成10年，11年の改訂学習指導要領では，「総合的な学習の時間」は，学校教育法施行規則及び学習指導要領総則において，各教科，道徳，特別活動とともに，教育課程を編成するものとして位置付けられ，年間授業時数，単位数，各学校において教育課程上必置とすること，ねらい，学習活動を行うに当たっての配慮事項等が示されている。

　そして「特別な教科道徳」が小学校で2018年度，中学校では，2019年度から開始された。現場では「教科書」に基づき，意欲的な実践が全国で展開されてきている。「生活科」「総合的な学習の時間」の導入時と同様に，児童・生徒が主体的に「考える道徳」ということを，ともすると，二項対立の議論が活発になることが授業の目標となってしまっている状況もある。

　詳細は，第１章の理論編及び第２章の実践編を参照してほしいが，アブラハム・マズロー（アメリカの心理学者）の欲求の５段階説の「承認欲求」（他から認めらる）のためには，「生理的欲求」「安全欲求」が満たされていてこそ，成り立つ。これを学級づくりに適応させると，所属する学級の児童・生徒にとって，安心していることができる学級づくりがあってこそ，個々の発言を承認する土壌が形成される。

　したがって，児童・生徒が安心して発言ができる人間関係づくりをする学級経営を担うのは，学級担任であり，朝の会，終わりの会，ロングホームルームさらには，給食指導，掃除指導らと連携を取りながら，道徳の授業づくりをすることは，道徳以外の主体的・対話的で深い授業づくりにも密接につながってくるのである。

　KRを駆使し，メンターとしての教師，プロデューサー的なコーディネート能力を持って対話力のある教師を目指していきたい。

5　主体的・対話的で，深い学びに向けての課題

　主体的・対話的で深い学びを実現する授業を創造していく将来の教師にとって，与えられた課題を自分なりに追究していくことが重要である。13 ページから 15 ページの課題を自身に対し出題して，取り組んでみて欲しい。

　授業の方法，教育の方法は，時代の変化とともに変容している。それでも学習者は自身が社会の骨格を担うために，与えられた知識ではなく，自ら獲得する知識，自らの五感を駆使して問題解決をしていく方法を学校教育の中で培う必要がある。

　読者の皆さん自身が，生きた経験，温かい経験に基づいて，それを後輩に伝えようとすることが教育の原点であることは否定しないが，後輩が新しい環境に柔軟に対応できるような力量をつけてあげることが大切である。そうした意味で，とりあえず現代の情報収集のメインツールとなってきたパソコン，インターネットをとまどいながらも使用する経験，そして，教材として提供される人々や仲間のコメントとの遭遇と磨き合いを私流の「温かい経験」として皆さんに本書を通して提供し，それらに基づいて，各自のレベル（納得ということも含めて）で課題をこなしていって欲しい。

　多くの知見と遭遇することで，皆さん自身の人間性，教育観，子ども観，授業観，教材観を肥えさせて欲しいというのが筆者の「願い」である。

課題1

自分にとって，印象に残っている「良い授業」について具体的に記述して下さい。

説明：教える以前に，自分が生徒（学習者）の目線から，良い授業を考えてみることは重要です。

回答例1：高校の数学の授業なのですが，3 年間同じ先生でした。その先生は毎回教科書を予習することを前提で授業していました。授業は挙手制で予習をしていないと立つこともありましたが，受身の授業ではなくて一緒に授業をしているのがすごく感じられました。小テストも合格するまで放課後とかに提出などの厳しさから数学に真剣に向き合うことができました。今数学が一番得意なのはこの先生のおかげだと思います。

回答例2：私が印象に残っている良い授業は，高校のときの数学の授業です。黒板が見やすく，教え方がうまく，とても面白い先生でした。「教科書は分かりにくいから」と，毎回プリントを作ってきていました。プリントを提出するとき，右下にある空欄に自己評価（1 〜 5 までの点数）と質問や感想を書いて提出させていました。生徒が授業を本当に理解してくれているかどうかを知る良い方法だと思いました。

数学に開かれた発問をするのは難しいと思っていましたが、授業を振り返ってみると、先生は開かれた発問をしていました。ある程度のヒントを与えた後、「これからどんな式（答え）が出ると思う？」と、生徒に聞いてきました。私も何回か聞かれましたが、その際、答えを言うたびにKRをしていました。数学は苦手でしたが、自信がつきました。先生は、ただ答えを出すだけでなく、なぜそのような答えになるかなど、数学の楽しさを教えてくれました。授業を受けていたときは全然気づきませんでしたが、この授業を受けて、先生がどのように工夫して授業を作ってきたのか、初めて理解できたような気がします。

ワンポイント：自分がこの指導方法で成長できたということはとても大切ですが、多くの場合、その成功経験、達成経験の枠に縛られてしまうことも少なくありません。他の人が良いと感じた授業を、教師の視線、そして、学習者の視線の両方から吸収してみましょう。必ず、得るものがあります。

課題2

あなたが、人（初心者）に教えることができるものを、運動・芸術系から一つ（ピアノ、スキー、テニス等）、小・中・高校の教科の中から一つ（算数、数学、物理等）、その他一つを想定してください。それぞれ、相手に、何を教えますか？　指導の時の留意点、指導の手順等を可能な限り具体的に記述してください。（3つの方法を記載することになります）

説明：想定されるのは、自分が精通していること、好きなもの等ではないでしょうか。それを、初任者（入門者）に教える時に、何を意識するか、これが大切になります。

ワンポイント：その他は、「挨拶の重要性」「命の大切さ」等があります。

課題3

授業の設計で、授業の最後に（学習者にとって）「わかる」「わからない」のどちらの側面を目指しますか？　あくまでも一般的な場面設定で考えて、必要であれば、場面設定とあわせて考慮してください。

説明：教える時に、出だし等は、いろいろ考えるのですが、最終的にどのように持って行くのかを意識してみてください。

ワンポイント：当然ですが、絶対的な答えはありません。最後は、必ず「～する」と限定しないことが大切です。

課題4

「自分の生きてきた時間と空間と人間・関係」について可能な範囲で具体的に論述してください。

説明：ある意味，自己の半生を振り返ることになりますが，そこに，教師を志すことの原点があります。

ワンポイント：自分や周りの人々にそれぞれの人のかかわり，経験が人間形成につながっているということを」理解いただきたい。

課題5

＜図書・雑誌・Webページなどを参考にして「先人の生き方」に学ぶ＞というテーマに即して，皆さん自身が獲得している知識とか知恵を獲得したものの源（情報源）が両親とか担任の先生ではない，先人，先達であること等を意識して記述してください。

ワンポイント：私たちは，知識等を獲得すると，それがすべて自分で身につけたかのように考え，その源への感謝を忘れがちになります。

課題6

＜私の「問いかけ，求め，表わし，活かす」ものは何か＞の論題で，この教育方法論で学んだことをベースで論述してください。

説明：ある意味，「学習，自己実現を意識してほしい」ということを理解いただきたい。

ワンポイント：課題1から課題5を改めて通して考えていただけると再発見があると思います。

（平山　勉）

細川和仁「教師の授業実践能力に関する研究の意義と課題」大阪大学人間科学部教育学研究室編『大阪大学教育学年報』第5号，pp233-242，2000年。

小金井正巳，井上光洋「教授モデルと授業を支配する要因」日本理科教育学会編『現代理科教育体系』第5巻，東洋館出版社，1979年。

2 道徳の授業づくりをどのように進めるか

(1) はじめに

　小・中学校ともに「特別の教科道徳」として道徳の教科化がスタートした。しかし，何か特別な新しいことが始まったわけではない。これまでも多くの先生方が，道徳教育の推進のため様々な実践を積み重ねてきた。そこで工夫されてきた指導法や評価法などは，今後も継続し，さらに積み重ねられていくことが望まれている。では，「特別の教科道徳」となったことで何が変わったのだろうか。「変わらないこと」「求められていること」「変わること」の視点から捉えてみたい。

(2) これまでと変わらないこと（道徳科の目標の理解）

　　・道徳教育は学校の教育活動全体を通じて行うこと
　　・道徳教育の要として道徳科の授業を年間 35 時間以上行うこと
　　・よりよく生きるための基盤となる道徳性を養うことを目標としていること

　以上の3点は，これまでの道徳教育から何も変わっていない。ただし，何も変わっていないからといって重要でないということではない。ここで大切なのは，道徳科の目標である「よりよく生きるための基盤となる道徳性を養うこと」について正しく理解できているかどうかである。「よりよく生きる基盤となる道徳性を養うため，道徳的諸価値についての理解を基に，自己を見つめ，物事を広い視野から多面的・多角的に考え，人間としての生き方についての考えを深める学習を通して，道徳的な判断力，心情，実践意欲と態度を育てる」と中学校学習指導要領で具体的に述べられているが，特に注目するポイントとして，「自己を見つめ」と「物事を広い視野から多面的・多角的に考え」をキーワードに考えてみたい。

① 「自己を見つめる」とは？

　道徳科の授業では，資料を通して生徒が自己の生き方と向き合い，考え，自分のもっていた道徳的価値観を新たな視点や考え方で見つめ直す時間である。そのため，「自分のこととして捉える」＝「自分事として捉える」＝「自分との関わりで見つめる」ことが大切になる。また，1時間の授業の中で「自己を見つめる」のは一度だけではない。友達の意見を聞きながら，「自己内対話」を繰り返し，何度も自己を見つめていくことになる。

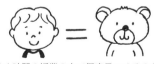

自己を見つめる（キーワード①）

○自分との関わりで見つめる
　自分のこと＝「自分事」として捉える

○1時間の授業の中で何度見つめるのか
　一度とは限らない
○見つめるには，
　多面的・多角的な視点・観点が必要

図1　自分事として何度も見つめる

② 「物事を広い視野から多面的・多角的に考える」とは？

　「多面的」に考えるとはどのようなことなのか。右図のように考えるととらえやすい。例えば、「友情」という道徳的価値項目を例に考えてみよう。「友情」という価値項目を立方体で考えてみると、「仲良くする」という面からの捉え、「信頼し合う」という面からの捉えなど、様々な捉え方ができる。また、単に仲よくするだけでなく、時には厳しいことも言い合う「高め合う」という面からの別の捉え方もできるはずである。「面」として捉えるわけだから、立方体のよ

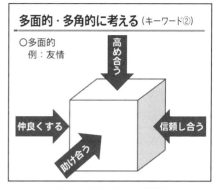

図2　捉え方の多様性

うな六つの面からの捉えだけとは限らない。八面体、十二面体、十六面体など、子どもたちの学びの深まりによって、より多くの面からの捉えが生まれてくる。面としての捉え方の多様性が、学びの面白さでもある。

　一方、「多角的」に考えるとはどのようなことなのか。これは、右図のように考えるととらえやすい。「多角的」とは、立場を変えて考えてみたり、時間軸や空間軸を変えて考えてみたりすることである。例えば、自分の大切な人が脳死状態となり、臓器提供をするかどうかの判断場面に遭遇したとする。自分が親の立場だったらどう考えるだろうか。また、息子の立場だったらどう考えるのだろうか。親友の立場だったら。自分自身が臓器提供をする本人の立場だったら……。

図3　捉える角度を変えてみて

自分自身の意見が立場を変えてみることで変わることもあるだろう。その際、自分の意見が変わった理由を自分で考えることにより、深い学びが得られることもある。

　このように、一つの道徳的価値観をより「多面的・多角的」に考えていくことが、道徳科の授業における学びの喜び・醍醐味とも言えるだろう。

(3) 今、求められていること（道徳科の授業改善）

　新しい学習指導要領で授業改善する視点の一つとなっている「主体的・対話的で深い学び」。これを道徳科の授業で考えてみると右図のようになる。「主体的な学び」とは「自分事」として考えること。「対話的な学び」とは他者との関わりによって学びが深まっていくこと。これには、対話によって生まれた自分自

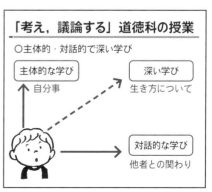

図4　主体的・対話的で、深い学びとは

身への問いかけや自分を見つめ直していくこと（自己内対話）も含まれている。これら「主体的・対話的」な学びによって，自分の生き方について「深い学び」が生み出されていく。今回の学習指導要領で求められている「主体的・対話的で深い学び」とは，まさに道徳科が目指す「考え，議論する」授業で学んでいく内容そのものであるとも言えるだろう。

① 主体的で深い学び

授業を振り返ったとき，「勉強になったなぁ」「おもしろかったなぁ」と感じるのはどのようなときだろう。授業を通して「自分の道徳的価値観を見つめ直すことができたとき」，「友だちの新たな一面を感じられたとき」，「新しいものの見方や考え方を見つけたとき」など，さまざまな瞬間が考えられる。それら道徳科の授業における学びの喜びを生み出していくためには，「舌先だけで言葉を言う」ような上辺の「話し合い」ではなく，「自分自身の道徳的価値観と向き合っ

自己の生き方についての考えを深める

○自己内対話（他者との対話を生かして）
　これからの生き方の課題を考え，実現
○自分が自分に自分を問う
　始めの自分
→価値観が変化・成長している自分
　…成長実感

話 → 語
最も大切な学習活動

図5 「話す」と「語る」の違い

て我を語る」ような本音の「語り合い」を目指していく必要がある。「語り合い」を成立させていくためには，語り合いやすいような空間づくりや雰囲気づくりが必要である。いずれにしても「主体的で深い学び」を実現させるためには，授業の中で本音で語り合い，対話していくことにより「道徳的価値観が変化・成長している自分自身に気付く」，つまり「自分の成長実感」がもてるような授業展開が大切である。

② 対話的で深い学び

対話には「他者との対話」と「自己との対話」の二つの側面がある。「他者との対話」によって自分とは異なる考え方や視点を知ることができる。また，自分が意見を言うことで「みんなの役に立てた」「議論の深まりに自分の意見が役に立った」など，自己有用感を感じることもあるだろう。「他者との対話」をきっかけに，もう一度深く思考し，自分の見方・考え方の再構築化させていくこともあると思う。これが「自己との対話」である。自分が自分で自分を問う。この過程を通して，新しい見方や考え方を自分で発見していくことにより，自分自身で成長の実感をもつことができるようになる。

また，対話は何も言葉だけで行われるものではない。言語に至らない部分，つまり非言語の部分でも人間は対話を行っている。発言者が伝えようとしている言葉の奥にあるもの，それを感じ取ろうと，うなずいたり目を見て聞いてあげたりすることで，言葉がなくても対話は行われていく。例え言葉になっていなくても，発言者の心を感じ取ろうとすること，伝えようとしている言葉の奥にあるものを感じとろうと想像することにより，自分自身の心の中に相手が伝えようとしている内容が生み出されていく。そのためには，図6・図7のような「対話しやすいような場づくりのための教師支援の方法」や「対話を深めるためのルールづ

くり」をするのも一つの方法である。

「場づくり」を支える「教師支援」	「対話」を深めるための「ルール」
激励的な言葉がけ 共感的な言葉がけ 支援的な言葉がけ	①　自分と異なる価値観を大切に問う姿勢を 　　「発言に正解・不正解はない」 ②　話す友達を見て心を 　　「発言者の心を感じ取り，うなずきを」 ③　発言内容は聞き分けを 　　「発言内容はみんなの宝・財産として共有化」
図6　「対話」を活性化させる言葉がけ	図7　「対話」を活性化させる心構え・ルール

(4) 今までと変わったこと（多様な指導方法の工夫と道徳科の評価）

　「教科用図書を主たる教材として使用すること」と「道徳科における評価を行うこと」の2点が，道徳の教科化によって新しく変更されている点である。

①　多様な指導方法の工夫と教科用図書の使用

　授業における「多様な指導方法の工夫」が，これまで以上に求められている。「読み物教材の登場人物への自我関与が中心の学習」だけではなく，「問題解決的な学習」や「道徳的行為に関する体験的な学習」なども取り入れる必要がある。例えば，本書第2章第8節で解説されている**「役割演技」**は，「道徳的行為に関する体験的な学習」の手法の一つである。また，同第7節で解説されている**「中心発問から広がる深い学び合い」**は，「問題解決的な学習」を意識した指導方法の一つである。また，児童・生徒一人一人に教科書図書が配付され「主たる教材」としての使用が求められているので，教科書を中心に授業を展開していく必要がある。ただし，必要に応じて教科書以外の教材も使用することもできる。

②　「道徳科の評価」について正しく理解すること

　「特別の教科道徳」として教科となったことにより，児童・生徒の学習状況及び成長の様子につて評価することが求められている。しかしながら，国語や算数・数学のように数字で評価をしていくわけではない。道徳科では，児童・生徒の「道徳性を養うこと」がねらいである。「道徳性」というのは「人間としてよりよく生きようとする人格的特性であり，道徳的判断力，道徳的心情，道徳的実践意欲および態度を諸様相とする**内面的資質**」であるので，そのような道徳性が養われた否かは「容易に判断できるものではない」と学習指導要領解説でも述べられている。

　では，評価はどのように行っていけばよいのか。学習指導要領解説では「道徳性を養うことを学習活動として行う**道徳科の指導**」において「その**学習状況や成長の様子**を適切に把握し，評価すること」と述べられている。つまり，**道徳科の授業で見られた児童・生徒の姿を評価していけばよい**のである。あくまで，授業で見られた姿に対する評価なので，普段の学

校生活での様子などを評価することは，道徳科の評価に含まれていない。

　例えば，道徳科の授業で「礼儀」に関する内容項目を扱ったとする。授業で見られた児童・生徒の姿ではなく，「毎日の登下校で元気にあいさつができるなど，学校生活の中で礼儀正しい行動ができるようになった」と評価していくのは，「道徳の評価」という点ではふさわしくない。道徳教育は，特別活動や生徒指導の領域とは明確に区別していく必要があり，それは評価についても同じである。

③　評価の観点と工夫例

　評価の観点としては，道徳的諸価値の理解に基づいて「児童・生徒がより**多面的・多角的な見方**へと発展しているか」「道徳的価値の理解を**自分自身との関わり**の中で深めているか」という点をもとに，**道徳科の学習活動に着目して評価していくこと**が大切である。

　では，学習状況（児童・生徒の学びの姿）は具体的にどのようにとらえていけばよいのだろう。その例を挙げると，次のようになる。

　・道徳的価値のよさや大切さについて考えようとしている。

　・道徳的価値について，一つの見方ではなく様々な角度からとらえて考えようとしている。

　・道徳的価値について自分のこれまでの体験から感じたことを重ねて考えようとしている。

　・授業で学んだ道徳的価値のよさを感じ，今後の自分の生き方に生かそうとしている。

　もう少し具体的に考えていくと，以下のようになる。

ア　多面的・多角的な見方へと発展しているか

　多面的な見方とは，道徳的価値について様々な面からとらえられるということである。例えば，友情には「仲よく」以外にも「高め合う」ということもあることに気付くことができていれば，多面的に考えることができたということである。一方，多角的な見方とは，様々な角度で物事をとらえることができるということである。例えば，「はしのうえのおおかみ」なら，くまさんの立場でも，おおかみさんの立場でも考えることができていれば，多角的に考えることができたということである。

イ　道徳的価値の理解を自分自身との関わりの中で深めているか（自分事で考えているか）

　教材に出てくる主人公はもちろん，登場人物を，自分に置きかえて考えることができていたかということである。その際，本音で意見をもつことが大切である。

ウ　自分の考えを深めることができているか

　道徳科の授業の中で，気付いたこと，分かったこと，前は分からなかったけれど気付けたこと，これからこうしていこう（生きていこう）と考えたことなど，自分の考えや思いが以前よりも「進化（深化）した！」「よく分かった！」と児童・生徒が感じていれば良い。

　これらア〜ウの観点をもとに，児童・生徒のノート，発言，授業記録，振り返りカードなどから学習状況及び成長の様子について見つけていく。そして，児童・生徒自身が自分の成長を実感し，かつ保護者が読んでも児童の成長を感じたことがわかるように記述していくこ

とが大切である。

　その際，児童・生徒に「あれ，こんなこと書いてないぞ」「こんなこと言った覚えない」と思われてはいけない。エビデンス（証拠）はとても大切である。ワークシートやノート，振り返りカードなどをうまく活用するとよいだろう。毎回授業記録をとる（ビデオをとる，誰かに授業の様子を写真に撮ってもらう）のはとても大変である。板書の記録写真を撮っておく，座席表や名簿を利用して児童・生徒が発言したものの中で保護者が心に残った意見を書き留めておくなど，効率のよいエビデンス（証拠）の集め方を工夫するとよいだろう。

④　教材に即した評価文例

　最後に，先に挙げたア～ウの観点をもとに，具体的な教材に即した評価文例を記す。下記はすべて児童・生徒の振り返りプリントをもとにした評価文例である。

例1　「多面的・多角的な見方へと発展しているか」の観点〔教材名：バスと赤ちゃん〕

〔振り返りプリントの記載〕赤ちゃんは泣くことしかできないし，お母さんは周りの人のことを考えていたからえらいと思う。バスに乗っている人たちの拍手は，お母さんと赤ちゃんに「乗っていていいんだよ」という意味の拍手だったと思う。みんなとてもやさしいと思った。

観点…赤ちゃん，お母さん，バスの乗客，それぞれの立場で振り返っているか。

評価文例…「バスと赤ちゃん」では，お母さんの気持ちを理解しつつ，乗客の人たちがどんな思いでいたのかについて自分の考えをもつことができました。人を思いやる大切さについて改めて気づけたのだと感じました。

例2　「自分自身との関わりの中で深めているか」の観点〔教材名：手品師〕

〔振り返りプリントの記載〕手品師は男の子との約束を守って，男の子の気持ちを裏切らなかった。ぼくは約束をやぶってしまったことがあって，ものすごく相手に悪いことをしてしまったことがある。これからは手品師みたいに約束を守れる人になりたい。

観点…手品師（主人公）は～，ぼく（自分）は～と自分に置きかえて振り返っている。

評価文例…「手品師」では，主人公の手品師と自分の経験を重ねて，自分のこととしてとらえて考えていました。今後の自分の生き方にもふれ，これからは約束を守ろうという意欲を高めることができました。

例3　「自分の考えを深めることができているか」の観点〔教材名：父の仕事〕

〔振り返りプリントの記載〕お父さんが「仕事はとてもいいものだ。気持ちがいいぞ」と言っていたけど，よく意味が分からなかった。でも，今日いろいろな人の話を聞いて，人のために仕事をする気持ちよさみたいなものがわかった。これからは，自分のためだけじゃなくて，みんなのために係の仕事をしたり，将来，人の役に立つ仕事をしたいと思った。

観点…自分の考えを振り返り，今後どのように生きていこうか決意が書いてある。

評価文例…「父の仕事」では，友達の意見を聞きながら自分の考えを整理し，もう一度深く考え直すことで自分自身を見つめ直すことができました。人に役立つことをしたいという気持ちを新たにもつことができました。

（津島市立暁中学校　岡田幸博）

理論編 3 「考え，議論し，さらに深く考える」道徳科の授業づくり
──「道徳の教科化」から「教科の道徳化」へ

（1）新学習指導要領が教師に求めている授業とは

① 「学びの質」の変革

　約10年に一度改訂される学習指導要領は，その時代の社会の変化や要請に基づいて内容を変更するために改訂されてきた。しかし，今回は，そのこと以上に，「今までやらなければならないのにやってこなかったことを絶対にやろう」ということを最大の目標として改訂された。そして，その改訂の一番のねらいは，「学びの質」の変革にある。分かりやすく言えば，「教師主導の『教える』（こと中心の）教育」から「児童生徒主体の『学ぶ』（こと中心の）教育」へ転換しようということである。

　「学びの質」の変革というと，子どもたちの意識を変えることだと考えてしまいがちだが，そうではなく，求められているのは，「教師の意識の変革」である。教師の意識の変革なしに，今回の学習指導要領が求める「学びの質」の変革は成し得ないだろう。

　では，どのように教師の意識を変えていけばいいのだろうか。

　日本の教師はとても優秀である。決して意識は低くない。だから，日本の子どもたちの学力は，常に世界的な学力調査で上位にランクされている。人口が1億人を超える国の中で，全国どこでも同じ教育が行われ，その学力が高いという国は，世界中のどこを探してもほかにはない。

　しかし，その日本の教師が苦手としていることがある。それは，子どもたちに「主体的に学ばせる」ということである。日本の教師は「教える」ことは得意としている。教えるべきことは教えなければならないのだから，それはそれでいいことであるが，教えるだけでは育たない学力がある。その代表的なものが，「思考力，判断力，表現力」である。この思考力，判断力，表現力といった「考える力」は，子どもたちが主体的に考えようとしない限り育たない。教師が子どもたちに「もっと考えなさい」と言ったところで育つものではない。子どもたちが「主体的に考えようとする場」を教師が授業の中に意図的に配置し，子どもたちに「主体的に考えさせようとする授業」をしていかなければ育たないのである。

　そのためのカギとなるのが，新しい学習指導要領の柱である「主体的・対話的で，深い学び」である。授業を「主体的な学び」，「対話的な学び」，「深い学び」のあるものに変えていかなければならないのである。

　では，その中の「主体的な学び」がある授業とは，どんな授業なのか。「主体的な学び」

のある授業での具体的な子どもの姿は，とても捉えにくい。しかし，「主体的」の反対を考えれば，とても分かりやすくなる。この場合，「主体的」の反対は，「従属的」と捉えるのが一番いいだろう。では，誰に対して「従属的」なのかと言えば，**「教師に対して」**だということははっきりしている。つまり，子どもたちが教師に対して従属的な授業，言い換えれば教師の指示だけで進められている授業は「主体的な学び」とは言えないのであり，それでは「思考力，判断力，表現力」を育たないのである。

　今回学習指導要領の改訂で**教師に求められている意識の変革は，この部分だけである。**しかし，これまでそう言った授業をあまりやってこなかった教師には，とても大きな意識の改革となる。ただ，それをやらない限り，いつまでたっても子どもたちの思考力，判断力，表現力が育っていかないのである。

②　これからの授業で大切なものは何か？

　右の図は，今回の学習指導要領改訂の方向性を示したものである。いろいろな言葉が書かれているが，最も重要なのが，**「何ができるようになるか」**という言葉である。

　これまでも日本の教師，特に小中学校の教師は，熱心に授業研究に取り組んできた。その成果は，文部科学省も認めているところであり，中央教育審議会の答申にもはっきりと次のように書かれている。

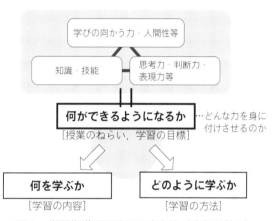

図1　学習指導要領改訂の方向性（文部科学省）

> 　我が国では，教員がお互いの授業を検討しながら学び合い，改善していく「授業研究」が日常的に行われ，国際的にも高い評価を受けており，子どもが興味や関心を抱くような身近な題材を取り上げて，学習への主体性を引き出したり，相互に対話しながら多様な考え方に気付かせたりするための工夫や改善が続けられてきている。こうした「授業研究」の成果は，日本の学校教育の質を支える貴重な財産である。
>
> 〔※中央教育審議会答申「幼稚園，小学校，中学校，高等学校及び特別支援学校の学習指導要領等の改善及び必要な方策等について」（2016年12月）より抜粋〕

しかし，同じ答申の中で，次のような指摘もされている。

> ★　一方で，こうした工夫や改善の意義について十分に理解されないと，例えば，学習活動を子どもの自主性のみに委ね，学習成果につながらない「活動あって学びなし」と批判される授業に陥ったり，特定の教育方法にこだわるあまり，指導の型をなぞるだけで意味のある学びにつながらない授業になってしまったりという恐れも指摘されている。

★ 指導法を一定の型にはめ，教育の質の改善のための取組が，狭い意味での授業の方法や技術の改善に終始するのではないかといった懸念など…(中略)…我が国の教育界は極めて真摯に教育技術の改善を模索する教員の意欲や姿勢に支えられていることは確かであるものの，これらの工夫や改善が，ともすると本来の目的を見失い，特定の学習や指導の「型」に拘泥する事態を招きかねないのではないかとの指摘を踏まえての危惧と考えられる。

〔※同答申より抜粋，太字・下線は筆者〕

　図1の「何ができるようになるか」は，これまで使ってきた「授業のねらい」や「身に付けさせたい力」と何の変りもない言葉である。これまでも「**授業で最も大切なのは"ねらい"である**」と言われてきた。しかし，それが実際の授業研究になると「学習方法」ばかりが注目され，授業後の研究協議でも「ねらいが達成できたかどうか」よりも，「その学習方法がうまくできたかどうか」に議論が集中してしまうということが多く見られる。ここを変革しなければならないと，新しい学習指導要領は訴えているのである。授業で大切なのは，あくまでも「ねらい」であり，「何ができるようになるか」である。その「何ができるようになるか」をもとにして，「何を学ぶか」や「どのように学ぶか」が決まっていくのである。

(2) 道徳科の授業における「育成を目指す資質・能力」

　では，道徳科の授業での「育成をめざす資質・能力」とは，どのようなものだろうか。1時間の授業で何ができるようになればいいのだろうか。それを考える前に，道徳科の授業とは何をする時間なのかを確認しておきたい。

① 道徳科の授業の目標

　新しい小学校学習指導要領には，道徳科の目標は「よりよく生きるための基盤となる道徳性を養うため，道徳的諸価値についての理解を基に，自己を見つめ，物事を多面的・多角的に考え，自己の生き方についての考えを深める学習を通して，道徳的な判断力，心情，実践意欲と態度を育てる」と書かれている。中学校もほぼ同じような内容である。「何ができるようになるか」という書き方はされていないが，道徳科の授業で育成を目指す資質・能力は「道徳性」であり，道徳科の授業は道徳性を高めるために行うのであると言える。

② 道徳科の授業は何をする時間か？

　一般的に，1時間の道徳の授業では一つの道徳的価値（内容項目）を扱う。その扱う**道徳的価値について，児童生徒を低い状態から高い状態へもっていく**ことが，道徳科の授業での教師の役割である。

　人間は，一人で読み物を読むだけでも道徳性が高まることがある。小説を読んで主人公の行動に感動し，「こんな生き方ではいけない。生き方を変えよ

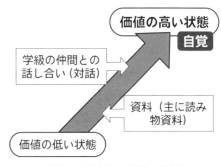

図2　道徳科の授業の役割

24

う」と思うことがある。しかし，道徳科の授業は，それではいけない。学級の仲間との話し合い(意見交流)があるからこそ，道徳の授業に価値が生まれる。仲間と話し合いをすることで，さらに深く考えるようになり，個人の内面に新たなものが生まれる。これを期待して，道徳の授業が行われるのである。まとめれば，道徳の授業とは，「(読み物を中心とした)資料を使い，級友との話し合いをすることを通して，道徳的に低い状態から高い状態になっていく」ことをねらいとして行うものであると言える。

　しかし，その重要な「話し合い」について，現在学校現場で児童生徒が行っているものの多くが，一方的な発言の連続であり，自分の考えが他者に届くかどうかには関心が無い状態で進められている。これでは，個人の内面に新たなものが生まれ，それによって道徳性が高まることなど期待できるはずがない。

　その内面的に新たなものを生み出す可能性のある話し合いこそが，今求められている「対話」なのである。

③　道徳科の授業における「対話」とは何か？

　「対話」と「会話」は違う。「対話」とは，その当事者に「三つの更新」[1]があるものと言える。その三つの更新とは，「①新規」，「②修正」，「③深化」である。

　「①新規」とは，「新しい考え・思いが生まれる」ことであり，「②修正」とは「自分の考え・思いの一部が修正される」ことであり，「③深化」とは「自分の考え・思いがより確かなもの，深いものになる」ことである。そして，この「新規」，「修正」，「深化」こそが，道徳の授業における『道徳的価値の低い状態

図3　対話における三つの更新

対話における三つの更新
① 新規 …新しい考え・思いが生まれる
② 修正 …自分の考え・思いが修正される
③ 深化 …自分の考えが深いものになる

から高い状態へ行くこと』を表している。道徳の授業では，児童生徒にこの三つの更新のいずれかが起こることを期待して，対話を仕組んでいかなければならない。

　そして，道徳科の授業には「三つの対話」がある。まず考えられるのが，話し合いにおける「級友との対話」である。しかし，そのほかに「資料の登場人物(特に主人公)との対話」と「自己との対話」がある。資料の主人公に対しては，「どうしてそうするんだ？」「そうだったのか」と問いかけ，そして，「私

図4　対話における三つの対話

道徳科授業における三つの対話
① 級友 との対話
② 資料の登場人物 との対話
③ 自己 との対話

＊1…対話における「三つの更新」については，和歌山大学教育学部附属小学校の研究成果を参考にしている。参考書籍『質の高い学びを創る授業改革への挑戦』佐藤学・和歌山大学教育学部附属小学校著，2009年。

はどう思うんだ？」「私はそれでいいのか？」と常に自分自身に問いかけていくのが道徳の授業である。そして，最終的に「腑に落ちる」「確かにそう思う」という道徳的価値の「自覚」にもっていくのが，道徳の授業の目指す姿である。

④　道徳科で育成を目指す「資質・能力」とは？

道徳科の授業は，「道徳性」を高めることを目指して行う。しかし，その「道徳性」について，新しい**学習指導要領**には，「**道徳性が養われたどうかは容易に判断できるものではない**」とも書かれている。教師は道徳性の高まりを目指して道徳科の授業をするのに，それが高まったかどうかは分かりにくいと言っているのである。

> ### 【学習指導要領抜粋】
>
> 道徳性とは，人間としてよりよく生きようとする傾向性であり道徳的判断力，道徳的心情，道徳的実践意欲及び態度の内面的資質である。このような道徳性が養われたか否かは，容易に判断できるものではない。
>
> 〔小学校学習指導要領「第5章 道徳科の評価」より抜粋〕

では，実際の道徳科の授業は，「育成を目指す資質・能力」が結果的にどうなるかは意識せずにやっていけばいいということなのだろうか。

そうではない。新学習指導要領には，はっきりと「**道徳科で養うべき基本的資質**」が書かれている。それが，次の文章である。

> 多様な価値観の，時に対立がある場合を含めて，誠実にそれらの価値に向き合い，道徳としての問題を考え続ける姿勢こそ道徳教育で養うべき基本的資質である。
>
> 〔小学校学習指導要領解説特別の教科道徳「改訂の経緯」より抜粋〕

つまり，道徳科で「育成を目指す資質・能力」は「道徳としての問題を考え続ける姿勢」であり，授業者は，「道徳性を高めよう」と授業を計画し，進めていくが，実際には「**道徳的な問題をどれだけ深く考えさせるか**」を意識して授業を進めていかなければならない。そして，児童生徒の評価も，「道徳的な問題をどれだけ深く考えたか」を見取ることになる。それが，言われている「自分事として考えているか」「多面的・多角的に考えているか」の評価になるのである。

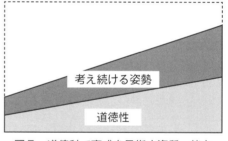

図5　道徳科で育成を目指す資質・能力

そして，道徳科では，授業の中でもう一つ育てることができるものがある。それが，「道徳性の高まりやすい学級」と「道徳的行為がしやすい学級」である。道徳の授業では，「誰もが伸び伸びと安心して発言できる」，「自分の個性が発揮できる」，「他者

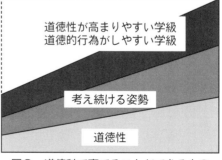

図6　道徳科で育てることができるもの

を認める」,「他者の成功が自分の喜びになる」ような話し合いが行われなければならない。このような話し合いを「道徳的な話し合い」と呼ぶことができる。

　この「道徳的な話し合い」が行われる学級では，例え1時間の道徳科の授業で道徳性があまり高まらなかったとしても，道徳的行為がしやすい学級の雰囲気が作られる。また，そのような学級では，道徳的な行為が冷やかされることもなく，素直に実践されていく。そして，このような学級こそが「いじめの起こりにくい学級」でもある。これからの道徳科の授業は，道徳性を高めることを目標にしつつも，子どもたちの「道徳的問題を深く考える力」を育て，「道徳性が高まりやすい学級・道徳的行為がしやすい学級」を作ることを目指して進めていくべきである。

(3) 本当に「考え，議論する道徳」でいいのか？

　文部科学省が発信した**「考え，議論する道徳」**という言葉は間違ってはいないが，結果的にはミス・リードになってしまっている。その証拠が，「道徳性の高まり」を無視し，議論さえ活発になればいいという道徳科の授業が横行していることである。

　先にも述べたように，道徳科の授業が目指さなければならないのは，「道徳的な問題を深く考える児童・生徒」の育成である。「考える」ことは，道徳科の目標に合致する。しかし，「議論する」ことは，道徳科の目標にはならない。議論できる子だけ育てても，道徳科としては何の意味もない。重要なのは，その「議論」の先に何があるかということである。「議論」は「さらに深く考える」ためにあるのである。

　だから，目指すべき道徳の授業は，「考え，議論する道徳」ではなく，**「考え，議論し，さらに深く考える」**授業なのである。一人一人の児童生徒が「さらに深く考える」授業にしていかなければならない。そして，その「深く考えさせる」ための有効な手立ての一つが話し合うことである。だから，一人一人が深く考えることができる話し合いにしていかなければならないのである。

　そのようにしていくために，重要なことが二つある。

　一つは，意見の発表だけに終わらせないということである。グループでの話し合いでも学級全体の話し合いでも，意見の発表だけに終わっている授業を多く見かける。出てきた意見をもとにさらに考え，意見を発表させなければ，道徳科の授業として話し合う意味がない。しかし，子どもたちだけでそれをさせるには，とても無理がある。そこに教師の出番があるのである。いわゆる「意見をつなぐ」ことは，まずは教師がやればいい。本当にできるようになった時に，子どもたちに任せればいい。その意味で言えば，「意見をつなぐ」力のついていない子たちに授業の後半で「相互指名」をさせるのは，全く意味がない。発言が連続しているだけのことであって，中身のつながりが何もないことが多い。ましてや「まだ今日意見を言っていない子」と言って指名するやり方は，道徳科の授業の後半では絶対にやるべき

ではない。

　もう一つは，「聞く」ことを大切にする「授業」や「学級」にすることである。話すだけでは「対話」にはならない。一方的に話をしても，相手が聞いていなければ「対話」は成立しない。しかし，「聞く」が生まれた瞬間，そこには「対話」が生まれる。

　この「聞く」を生み出すための一番のいい方法は「教師が聞く」ことである。それを見て，子どもたちが真似をし始める。また，「聞く時はこうするんだよ」という指導があってもいいが，それよりもいいのは，子どもたちが聞きたくなるような状況を作り出すことである。それには，教師が聞きたくなるような話をすること，そして，忘れてはならないのが，互いの話を聞こうとする学級の雰囲気を作っていくことである。

(4)「主体的・対話的で，深い」道徳科の授業を創る条件

　児童生徒が「道徳的な問題を深く考える授業」をつくり出すためにはどうすればいいのだろうか。また，児童生徒が「深く考える」ために重要な「話し合い（議論）」をどのようにさせていけばいいのだろうか。

　そのために必要な条件は，次の四つだと考えられる。

---

　①　深く考えるための発問（特に中心発問）
　②　①の発問を生み出すための教材理解と内容項目の理解
　　　　◎その教材に含まれる道徳的価値の理解
　③　教師の授業をコーディネートする力（教師の対話力）
　④　学級の風土・人間関係
　　　　◎安心して伸び伸びと発言できる雰囲気

　発問については，他章・他節で詳しく説明されているので，それ以外の条件を中心にして考えてみたい。

(5) 教師の授業をコーディネートする力

　新学習指導要領で求められている「主体的・対話的で，深い学び」の授業を実現していくためには，教師の「**授業をコーディネートする力**」がとても重要になる。その授業をコーディネートする力を，道徳科の授業で考えてみると，次のページの図7のようになる。

　教師の「授業をコーディネートする力」の中心は，Aの「**教師の対話力**」である。そこに必要なのは，Bの「聞く」「返す」「もどす」「ゆさぶる」「拾う」といった「対話技能」である。これは，あくまでも技能であり，どこからか持ってくればいいという「方法」や「型」ではない。教師が意識をしながら繰り返して実践していく中で身に付けていくものである。

　しかし，これだけでは子どもたちからいい意見を引き出したり，子どもたちに深く考えさせたりすることはできない。そこで必要になってくるのが，Cの「待つ力」，Dの「視る力」，Eの「褒める力，認める力」である。

　教師は，どうも‘待つ’ことが苦手のようである。授業の中では，子どもが思いつくまで，深く考えるまで，考えをまとめるまで，じっくり待ってやらなければならない時の方が多い。道徳科の授業では，特にそうである。発問をして挙手をする子がいるとすぐに指名してしまう教師がいる。それでは，子どもたちは深く考えようとしない。指名された子が答えた時点で，他の子は考えることを止めてしまう。

　子どもたちが発言をする時，教師はどこを視ていればいいのか。まずは，発言する子を視る。「視る」ことの第一は「受信」であり，どのように発言するかを視てやらなければならない。しかし，視ることは「発信」でもある。発言する子を視ることによって，「私はあなたを視ていますよ」というメッセージを送っているのである。また，時々発言していない子を視る必要もある。発言していない子がどんな表情をしているのかを観察しなければならない。発言していない子が，その発言に関心をもっているかいないかは，その子の表情でだいたい分かる。関心をもっていればいいが，もっていないようであれば，そこから授業の組み立てを変えていく必要がある。たくさんの意見の発表があって，表面期には活発に見える授業も，実際は一部の子だけで進められていることがよくある。それを防ぐためにも，発言していない子の様子を視ることはとても大切である。

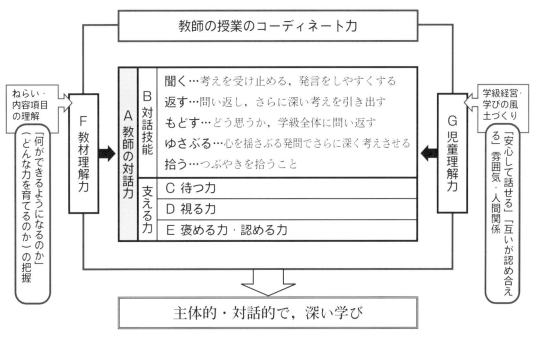

図7　道徳科における教師の授業をコーディネートする力

そして，授業では，子どもたちを「褒めること」「認める」ことがとても大切である。教師の言葉がけが，子どもたちの学習意欲を引き出す。褒められたり認められたりすれば，発言した児童はもっと頑張ろうとするし，発言していない子は自分も頑張ろうという気持ちになっていく。特に小学校の低学年では，この褒める・認めるの効果はとても大きい。

　これらの「**教師の対話力**」によって子どもたちが深く考えるようになり，たくさん発言するようになったとしても，それが授業のねらいに沿ったものでなければ意味が無い。ねらいとする道徳性の高まりに向かって子どもたちが考え，議論しなければ，授業としての価値は無い。そのためには，まずは発問が重要であり，そして「返す」「もどす」「ゆさぶる」などを使ってさらに深く考えさせていかなければならないが，そのために必要なのが，Ｆの「**教材理解力**」である。道徳科の授業で言えば，本時に扱う「**内容項目**」と「**教材（資料）の持つ道徳的価値**」を深く理解する力である。

　また，どの子も伸び伸びと安心して発言できる雰囲気や人間関係が無ければ，多くの子は発言をしない。そこには，「**対話**」は生まれない。「**対話**」に必要な学級の雰囲気や人間関係づくりに必要なのが，Ｇの「**児童理解力**」であり，それに基づいた**学級経営**である。新学習指導要領では，「学習指導のための学級経営の重要性」を強調している。そこで大切になってくるのが，学習指導と学級経営の関係である。教師の仕事として，学習指導と学級経営は別々のものとして捉えられがちだが，学習指導と学級経営は密接に関係している。

　では，学級生活を円滑に行っていくために必要な「人間関係」は，どこで作ればいいのだろうか。その「人間関係」は，主体的で対話的な学びをしていくためにも必要なものである。だから，学習指導に必要な学級の雰囲気・人間関係づくりを，授業の中で行っていけばいいのであり，その方が効果的なことはよくある。逆に考えれば，学習指導の中で学級経営を行うこともできるということである。

　さらにもう一つ付け加えるなら，Ｂの**対話技能**の中にある**つぶやきを「拾う」**授業を行うためには，'つぶやき'のある授業にしなければならない。「静かにしていることを是とする」授業や「発言は必ず挙手をして行う」という授業では，つぶやきは生まれてこない。逆に主体的な授業では，教師が発問をすると，子どもたちはすぐにそれに反応して，勝手につぶやく。隣同士やグループですぐに話し合いを始める。教師が「隣同士で話し合いましょう」とか「グループで話し合いましょう」と言わなくても話し合いが始まるのが，主体的な学びの一つの表れである。

　こんなことをしていては騒がしくなるだけでうまく授業が進まない，もっと言えば，授業がくしゃくしゃになってしまうという心配があるかもしれない。そこが教師の腕の見せ所であり，ここに学習活動の中における学級経営・人間関係づくりが存在する。つぶやきのある授業でも，約束事を作ることはできる。「ここは，挙手をしてから発言しよう」と言って部分的に切り替えることもできる。「どれだけつぶやいてもいいが，他の子が考えるのに困る

ような大きな声を出すのは止めよう」とか「先生が話をしようとしたら，一旦しゃべるのは止めて注目しよう」といった約束事を作っていけばいいのである。

　小学校低学年では，難しい面があるかもしれない。入学当初は，挙手をして，指名されたらハイと返事をして，立って椅子をしまってから発言するという指導が必要かもしれないが，いつまでもこれを続ける必要があるのだろうか。低学年で，挙手をして，返事をして，立って，椅子をしまって，いざしゃべる段になって「忘れました」と言っている光景を何度も見かけるのである。

(6)「教科の道徳化」をめざす

　29ページの図で示した道徳科における「**教師の授業のコーディネート力**」は，実際にはどの教科（各教科）にも当てはめることができるものである。教科によって**ねらい**が違うのだから，新学習指導要領で言う「**何ができるようになるのか**」は教科によって当然違ってくるが，それさえしっかり掴んでいれば，教師が授業で発揮する**コーディネート力**には各教科でそれほどの違いはない。

　そして重要なのが，**道徳科の授業が一番「教師の授業のコーディネート力」が発揮しやすく，その成否が分かりやすく，身に付けやすいということである。そして，「主体的・対話的で，深い学び」に必要な「学級の雰囲気・人間関係」も，道徳科の授業の中が一番作りやすいのである。

　「教師の授業のコーディネート力」に支えられた「誰もが伸び伸びと安心して発言でき，自分の個性が発揮でき，そして，他者を認め，他者の成功が自分の喜びになる」ような話し合いを，「**道徳的な話し合い**」と呼ぶことができる。この「道徳的な話し合い」を，道徳科の授業でコーディネートする力を高めた教師が，各教科でもできるようにしていくことを『**教科の道徳化**』と呼んでいる。

　道徳が教科化され，新しい学習指導要領による教育が始まる今，「**学びの質**」を変革し，「主体的・対話的で，深い学び」を作り出していくために，「**教科の道徳化**」は一つの重要な選択肢だと考えることができるだろう。

（授業アドバイザー，元東浦町立片葩小学校長　中村浩二）

人権教育の柱としての道徳科の授業

(1)「身近な異文化理解」とは

　「私たちのまわりには身近な異文化がある」。これは，25 年も前，とある研究会で大学時代の恩師が言った言葉である。異文化理解というと外国や外国人との交流が取り上げられる。異文化とは何も外国の文化のことだけではない。子どもの頃から理解し感じてきた文化と異なる文化，それと出会うことが異文化理解だと言う。

　私たちの家庭や地域にも様々な異文化が存在する。例えば，我が家は愛知県内の男女で，隣どうしの尾張と三河の人間が結婚した。地域として同質性が強い家庭であると思っていたが，尾張と三河は，言葉においても習慣においても宗教的な習俗においても，大きく異なることを知ったのである。生まれた子どもたちは，二つの文化の狭間で暮らす境界人となり，尾張と三河のバイリンガルとして成長した。異文化を理解する場面はこんな身近にあると思うようになった。

　その恩師は当時人気のあった灰谷健次郎氏の『だれもしらない』を取り上げ，障がいのある人とない人では文化が異なると言った。その上で異文化を理解するとは，障がいのない（ある）人がある（ない）人の心持ちをイメージできるようになることだと説明した。私は教職生活の中でこれらの言葉を思い返しては，人権教育（道徳教育も含めた）のあり方について考えてきた。時代や場所を越え，共に生きる「共存の感情」をもつことを目標にし，以下の 3 点が人権教育の要点であると思うようになった。

> ①　多様性の理解「違ったまま　違った存在としてお互いを受け入れること」
> ②　差別の原因を見つめ，差別を憎むこと
> ③　共に生きるという「共存の感情」（共生力）をもつこと

　教職生活があと 3 年となったとき，市から学校体制で日韓交流事業に参加してほしいという依頼があった。名古屋にある領事館を窓口とし，韓国学校の教師をはじめ多数の講師を招聘し，さらに韓国の現地校との交流を行ってほしいとの要望があった。私が勤務した愛知県津島市立南小学校（以下「南小学校」）は，昭和 63 年度以降，県内の人権教育の中心となって研究を進めてきた。平成 11・12 年度には当時の文部省の研究委嘱を受け，「ひらかれ　むすばれていく　子どもたち」というテーマで人権教育の研究を発表した。以来 20 年間，人権教育を柱として，人権総合的学習[*1]と道徳の研究を続けてきた。今回は，郷土資

＊ 1 …総合的な学習の時間のテーマとして「人権」に関わる内容を扱う津島市立南小学校での名称。

料を活用し，異文化を理解するため，三つの対話（①資料との対話，②学級での対話，③自分との対話）を重視した道徳の授業づくりを考えることにした。

（2）ＥＳＤ（持続可能な発展のための教育）の視点を取り入れた人権教育

　人権を取り巻く課題は，時代と共に変化している。被差別部落・在日コリアン・外国人・アイヌ・沖縄・女性・子ども・高齢者・障がい者・性的マイノリティー（ＬＧＢＴ）・ホームレスなど差別の対象が広がり，その起源や背景，現在抱えている課題も複雑である。

　南小学校では，「人権総合的学習」と「道徳」の時間に，差別を憎み，理不尽な差別を克服する心を育ててきた。被差別部落への差別（同和問題）を念頭に置き，様々な人権課題を学ぶと共に，基礎基本の学力の充実や学習習慣と生活習慣の確立をめざしてきた。

　2014（平成26）年度，南小学校は愛知県と名古屋市が開催したＥＳＤ子ども国際会議のメンバーとなった。ＥＳＤとは「Education For Sustainable Development」の略で，「持続可能な開発（発展）のための教育」と訳される。そこで本校ではＥＳＤの視点を取り入れた人権教育（子どもたちが，学校・家庭・地域の人たちや文化とのかかわりを求めると，新たなつながりやこだわりが生まれ，これまでと違った見方・考え方ができるようになり，差別や偏見を憎む心を育てることができる）を推進した。「子どもたちの基本的な学習習慣の確立」を基に，「人権総合的学習」「道徳の授業」「英語学習・防災学習」を進め，正しいと思った

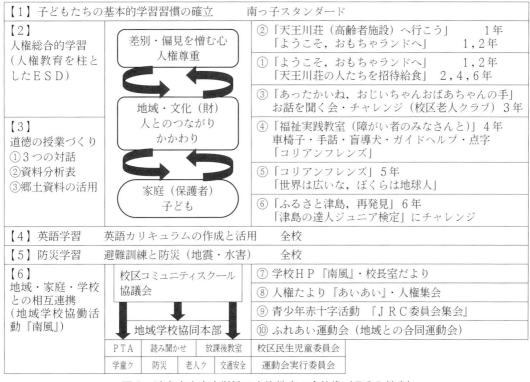

図１　津島市立南小学校の人権教育の全体像（ＥＳＤ教育）

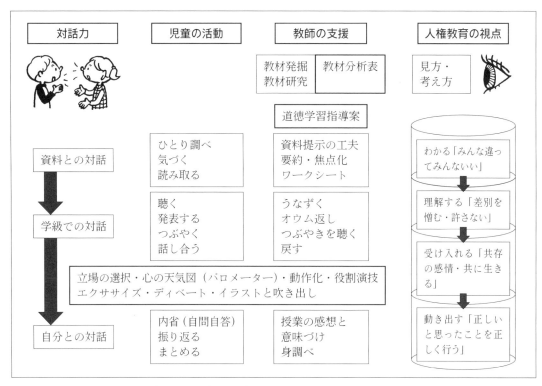

図2　津島市立南小学校の「道徳科の授業づくりの基本構想一覧表」

ことを行うことができる人権教育を目指すことにした。

(3)「道徳科の授業づくりの基本構想」に基づく道徳科の授業

　「道徳」が「特別の教科　道徳」となった。道徳科の目標は三つの対話であると考える。「資料との対話」「学級での対話」「自分との対話」の三つを指す。「資料との対話」では道徳の資料を基に道徳的価値を考え，一人調べ（一人読み）をすることを言う。資料と向き合い，資料を読み取ることである。「学級での対話」では，各自の読み取り（一人調べ）を基に隣りやグループで話し合うことを言う。教師との対話もあれば，グループ・学級での対話も考えられる。対話は聴くことと話すこと，そして自問自答を含む対話的な学び（ダイアローグ）のことを言う。最終的に読み取ったこと，学習したこと，話し合ったことを基に，その時間に自分は何を考え，何を学んだかを振り返ることが必要となる。「自分との対話」とはこういった自分なりの学習の意味付けや独り言（モノローグ）であると考えている。

　道徳科が目指す三つの対話に対して，児童の活動と教師の支援について考えた。

　教師は道徳科の教材を発掘し，時間をかけて教材をあたため，時期や価値を考えて教材として取り上げる。この時　教材分析表　（35ページ表1，40ページ表2）をもとに道徳的価値・人権教育の視点について検討する。

　「資料との対話」では，児童は「読み取りなど一人調べを行うことで道徳的価値に気付く」

場面	登場人物の気持ち	考えさせたいこと 立場の選択・対話したいこと
春吉は旅装を整え全国を行脚	①濃尾地震のあと，片岡春吉は尾張木綿にかわる新たな織物を探し，全国行脚。新しい織物として毛織物に気づく。 「これから日本人の生活に必要な織物を見つけたいのです」 ↓ 「そうだ，洋服だ。これからは洋服が増えてくるにちがいない。よし，毛織物をやってみよう」	○春吉はどんな気持ちで毛織物をやってみようと思ったのか 希望と勇気，克己と強い意志
片岡式二幅織機の研究	②東京モスリン工場で技術を身に付けて帰ったが，新たにセルを織るための機械を研究。寝食を忘れ，研究に没頭。まわりの人たちから狂人扱いを受ける。 セル織物を織り出すための苦心は，何ヶ月も続いた。 「お父さんありがとうございます。しげ子苦労ばかりかけてすまない，もうしばらく辛抱してくれ」 ↓　↑ 「しげ子さんもあんな旦那さんを持ったため，苦労しなさるねえ。春吉さんも，織物にこるのもいいかげんにせんとなあ」	○春吉はどんな気持ちで研究を続けたのだろうか。 真理の探究，創造，強い意志 ●立場の変換 近所の人たちは春吉のことをどう思っていたか ○春吉はどんな気持ちで近所の人たちに二幅織機の使い方や工場の立て方，お金を貸してあげたのだろうか。
近所の人たちに毛織物の技術を教える	③明治34年，春吉は片岡式二幅織機を完成した。毛織物の大量生産を始め，多くの賞（産業技術）を独占した。明治40年には実業功労者として，豊田佐吉と共に明治天皇よりお褒めの言葉を頂いた。彼の成功を聞いた近所の人たちが毛織物の技術を教えてほしいと願い出る。 新しくセル織物を始めたいという人たちが，毎日訪ねてくるようになった。 「二幅織機とはこれですか。なるほど，私たちも毛織物を織りたいのですが……」 春吉は彼らの顔をじっと見てから 「はい。毛糸も私たちの好きな色に染めることができます。織機の使い方，<u>セルの織り方をお教えしましょう。工場をつくるためのお金の相談もお聞きしましょう</u>」	公共の精神，郷土を愛する態度 貴方が春吉だったら，近所の人たちに織機の使い方やセルの織り方を教えましたか。教えた人は赤，教えない人は白の帽子をかぶって下さい。その理由は？ 立場の選択 ●立場の変換 近所の人たちはどんな思いで銅像を建てたのか
春吉のお陰で津島を含む西尾張地方は毛織物王国となった	春吉の郷土への思い（毛織物を広げたい）により，尾西地方は全国一の織物王国（毛織物王国）となり，墨清太郎らによって引き継がれていった。近所の人たちは春吉の銅像を天王川公園に造った。	郷土愛を振り返る ○貴方はふる里津島のために何をしたいと思いますか。

表1　「毛織物の父」（片岡春吉の一生）教材分析表

ことである。教師は「インパクトのある資料提示」の仕方を工夫する。次に「学級での対話」では，児童は「聴くこと，発表すること，つぶやくこと」で対話的な学びを行う。これに対して教師は，子どもたちの話に「うなづき，オウム返しや戻すこと」を行う。机間指導を通して子どもたちのつぶやき（独り言）も丁寧に拾いたい。「道徳科の授業作りの基本構想」では， 対話的な学びを行う手だて として，「立場の選択，心の天気図，心のバロメーター，動作化，役割演技，エクササイズ，ディベート，イラストと吹き出し」などが考えられる。本稿では「立場の選択」の実践例を取り上げる。最後に「自分との対話」では「内なる心」との対話を行う。児童は「自問自答」を行い「内省」する。学習を振り返り，まとめを行う。「深い学び」とは「分からないところから分からないところ」へ進む問題解決学習の学びであり，学んだことを自分なりに意味付けすることである。 内なる心を聴く，観る，振り返る 学習である。

　これらの学習活動や教師支援を，人権教育の視点から4段階に分ける。①「分かる段階」（「みんなちがってみんないい」人権の諸課題について正しいかを知る段階）。次に②「理解する段階」（「差別を憎み，許さない」諸課題を正しく知った上で感性的理性的に解決を目指す）。さらに，③「受け入れる段階」（共に生きる，共存の感情を育くむ。ちがったまま，ちがった存在として受容しあう）。最終的に④「動き出す段階」（人権教育，道徳の最終的な目標である「正しいと思ったことを正しく行う」）。この4段階の人権教育の「見方・考え方」を大切にした。

(4) 道徳科の授業づくり ―4年生「毛織物の父　片岡春吉」の実践―

① 資料分析表

　片岡春吉は，津島市（愛知県）の近代史の立志伝中の人物である。濃尾地震や度重なる水害のため打撃を受けた尾張木綿に変わって，毛織物産業の隆盛に尽力した。彼は艱難辛苦に耐え，家族の協力もあって，片岡式二幅織機を完成する。その織機や織物の技術を独占することなく，地域の人たちに広めたため，尾西地方は日本一の毛織物王国（繊維王国）となった。尾西地方は，昭和40年代まで高額所得者が相次ぎ，ものづくり愛知の中心地であった。これは片岡春吉の功績に負っている面がある。資料では，春吉が織機研究に没頭したため，地域の人たちから陰口を叩かれる。ところがその成功により，技術を教えてほしいと申し出る人たちに懇切丁寧にする春吉から，郷土への愛情を考える資料となっている。副読本の資料をもとに紙芝居を制作した。この資料を分析したものが，表1である。

② 対話的な学びを行う手だて　「立場の選択」

　紙芝居を見た後の児童の発言は，次の通りである。

T…教師，S…児童

T 1	片岡春吉について，紙芝居をもとにどんな人で何をしたかを調べてきました。研究で苦労した事，その時近所の人たちに変人扱いされたことも知りました。春吉が毛織物の織機をつくりあげ，毛織物工場が成功した時，地域の近所の人たちは「毛織物の作り方を教えとくれと言った」そうだったね。春吉は近所の人たちに懇切丁寧に教えたけど，もし春吉だったら，貴方は教えましたか。教えた人は赤，教えなかった人は白の帽子をかぶってください。その理由についても教えて下さい。
S 1	私は教えました。春吉のように，津島や人々のために毛織物だけでなく，いろいろなことに力を尽くしたいと思いました。そこが春吉のすごいところだと思いました。
S 2	私は教えました。自分が苦労して，県の大会や全国大会で賞をとって，苦労した甲斐があったので，みんなにはそんな苦労をさせたくないから。
S 3	ぼくも教えます。片岡春吉のことを調べて，先生に言われたように春吉について家のお父さんやお母さんに昔の津島のことを話しました。家の人たちから校長先生とよく勉強したねと褒められました。春吉のすごいのは，変人扱いしたみんなにも親切に教えたことだということになりました。それでぼくも春吉のように教えます。
S 4	ぼくは教えない。春吉は熱心に毛織物を研究して大金持ちとなった。折角お金持ちになったのに，みんなに教えると儲からなくなるから。自分の会社を大きくすればよかった。
S 5	片岡春吉はすごい人。よく努力した人。自分も春吉のように親切に教えてあげたいと思う。
S 7	無理かな。

③　内なる心を聴く，観る，振り返る

　また，「内なる心を聴く，観る，振り返る」場面での児童の発言は，次の通りである。

S 7	片岡春吉はものすごくいい人なんだと思いました。春吉がつくったものが（組合，信用金庫，ショッピングモールに）今でも残っている。津島の人たちのために役立ったのがすごい。あきらめない気持ちが勉強になりました。
S 8	片岡春吉はいろんなことをして人のために役立ってきたんだと思いました。津島の人々のために頑張り，活躍してきたんだなと思いました。私も大好きな津島のために何か頑張りたい。
S 9	春吉のことを学習して，春吉は一度決めたことを最後までやりとげる素晴らしい人だと思いました。何回失敗しても，何回苦労しても最後までやり遂げたいと思う強い気持ちのある人だと思いました。私もそんな春吉になりたいなあと思いました。どうしてあきらめずにできたんだろうと思いました。

④　郷土資料の活用

　それぞれの地域，それぞれの学校には，郷土の偉人に関する資料が残っている。市町村史やそのダイジェスト版，周年記念誌などに掲載されることもあるだろう。市町村教委によっては，社会科副読本や小中学生用歴史読本としてまとめて掲載されているところもある。私自身，津島市・愛西市・弥富市・あま市の小中学生用の歴史読本を作成し，郷土の偉人とエ

ピソードについてページをさいた。

　愛知県の場合には，愛知県小中学校長会編「愛知に輝く人々シリーズ」「あいちの偉人シリーズ」として公益財団法人愛知県教育振興会が発行している。また同所から出されている道徳副読本「明るい心」「明るい人生」にも，身近な人物の業績とそれにまつわるエピソードが多数掲載されている。これらの郷土資料を積極的に活用したい。また郷土資料を紙芝居やイラスト，ペープサートや人形劇などに作り替えると，子どもたちにとってさらに身近なものとなってくる。

(5)　日韓交流事業『コリアンフレンズ』　—韓国の子どもたちと交流しよう—

　韓国の東山初等學校の教職員が2017（平成29）年11月4日〜7日に，3泊4日の日程で訪日（名古屋を中心とした日韓交流旅行）した。南小学校には3日目，3年生以上の児童23名，教職員8名の計31名が訪れた。4日は市役所で歓迎セレモニー，5日は名古屋市内観光，6日が南小学校訪問と体験授業，7日が帰国見送りセレモニーを行う日程であった。児童は市の国際交流協会の斡旋で，津島市と愛西市の家庭へホームステイを行い，教職員は津島市が進める古民家への民泊を行った。

① 　ウェルカムパーティー（特別活動　全校児童）

　2・3時間目は体育館に全員が集まり，ウェルカムパーティーを行った。まず，お互いにふるさとと学校の紹介を行った。次に，本校の児童から歌のプレゼントをした。「春が来た」「もみじ」「ふるさと」など日本を象徴する歌を，各学年が披露した。

　その後で，韓国児童がダンスと伝統楽器を用いた現代音楽（サムルノリ）を披露した。感想には，「日本では見たことのない楽器を知ることができた」「ダンスから韓国を感じることができた」などとあり，直接韓国の文化にふれて，感激しているようだった。また，日本の文化とは違う韓国独特の文化や違いに気付くことができた。

写真1　東山初等學校 K-POP ダンス　　　　写真2　韓国の伝統芸能　サムルノリ

② 日本の小学校授業体験

３・４時間目は３年生以上の各学級で，韓国児童と一緒に交流授業を行った。

３年生は体育館で「ドッジボール」を行った。初めはお互いに緊張した様子だったが，活動する中で「こういう風に投げるんだよ」とジェスチャーを交えてコミュニケーションを図り，韓国児童も笑顔で応える様子が何度も見られた。

その他にも，６年生ではＡＬＴと一緒に英語の授業を行った。児童は，「英語の授業では，積極的に英語で話しかけてくれた」，「音楽の授業では，歌詞が分からなくても一緒に歌おうと努力していた」などの感想を書いていた。

５年生は東山初等學校の教師による出前授業を行った。ハングル文字と韓国の体育の授業を体験した。「ハングルの授業では，子どもたちが優しく字の書き方を教えてくれた」と５年生児童の感想にあり，韓国児童のよさをたくさん発見することができたようだった。

③ 日韓教職員ミーティング

４時間目，校長室で大学の教員，津島市関係者，南小学校校長・教頭，東山初等學校の８名の教職員，国際交流協会のメンバーが参加して，日韓の学校教育に関する情報交換会（教職員ミーティング）を開催した。

自己紹介の後で，東山初等學校の教師が，南小学校の授業の感想を発表した。「授業の規律，教師の指導性が強く，韓国では80年代〜90年代の授業と似ていると思う」「タブレットやデジタル教科書を使用しないのはどうしてか」「子どもたちが落ち着いて学習と取り組んでいる。学習に向かう心を育てることができている」などの感想が続いた。今後の学校間交流について話し合い，図工作品の交流とＤＶＤレターのやりとりを進めることを決めた。

(6)　新たな人権教育（道徳教育）の展開をめざして

人権教育（その中核である道徳教育）の最終的なねらいは「内なる心を聴く，観る，振り返る」ことにある。道徳科の目標「三つの対話」を意識した授業づくりを進めることで，「正しいと思ったことを正しく行う」ための内なる心を強くしていきたい。また「為すことによって学ぶ」をもとに，「総合的な学習の時間」「特別活動」「学校行事」を通して，体験的に道徳的諸価値を学ぶ機会を大切にしたい。授業を通して，教師も子どもにとっても「納得解」を考える。今後は地域を巻き込んだ地域にひらかれたカリキュラムづくりを進めている。人権団体，地域と学校が連携したカリキュラムづくりを模索していきたい。その意味で道徳科の時間は，学校教育活動全体の道徳の要の時間であり，補充・深化・統合のための時間であることに変わりはない。知行合一をめざす道徳科にしていきたい。

（津島市教育長　浅井厚視）

場面	登場人物の気持ち	考えさせたいこと 立場の選択・対話したいこと
肺結核となり医師になることを決意	①甚目寺のお寺の子として生まれた登は，おじいさんの影響もあり，よく勉強する。大学時代に肺結核となり，医師になることを決意する。 「じょうぶになれたのは，お医者様，仏様，家族のおかげだ。この喜びを多くの人に分けてあげたい。そうだ医師になろう。おじいさんもきっとそれを望んでいらっしゃったのだ」	〇登はどうして医師になろうと決意したのか。 希望と勇気，克己と強い意志
ハンセン病の研究を続ける登	②登は当時一番恐れられたハンセン病の研究を続ける。この病気は神経がおかされ，手足や顔の形まで変わってしまう。国はこの病気にかかった人たちを離れ小島の療養所に閉じ込めた。これに対して登はハンセン病は伝染病の１つで治療を続けることで完全に治すことができると確信していた。 「ここはいたみますか」登は色が変わり，くずれかけた患者の腕を，ゴム手袋もはめずに，手のひらでなでながら診察を始めた。 「先生，こんなうれしいことはありません。この病気になって，私は人の手のぬくもりを忘れていました」	〇登はどんな気持ちで研究を続けたのだろうか。 真理の探究，創造，強い意志 ●立場の変換 患者の人たちは登のことをどう思っていたか 〇登はどうしてカルテにハンセン病という病名を書かなかったのか。
ハンセン病患者を閉じ込めようとする人たちとの戦い	③登は「ハンセン病に関する三つの間違い」（①　ハンセン病は治る　②ハンセン病は遺伝病ではない　③ハンセン病は強烈な伝染病ではない）と題して，論文を発表する。当時，国のハンセン病患者を閉じ込める政策を進めた人たちと対立し，医師の研究会で激しく非難され，医学者として活躍する道を失うことになる。生涯ハンセン病患者に寄り添い，患者と共に治療にあたった。 「この病気は伝染病か，伝染病でないのか」国の政策を進めた人たちは登に激しく詰め寄りました。「そんなまちがったことを言う学者は医師として認めない」と登に反対する人たちは，登を大学から追い出そうとしました。 「国のきまりは守らねばならない。だが，患者を療養所に送ったら，患者は一生家族と別れて暮らさねばならない。私は医師だ。入院治療で回復するみこみがある患者をハンセン病と診断し，療養所に送ることはできない。たとえ罰を与えられようもと大学を辞めさせられようともカルテに病名を書くことはできない」 「先生の手のぬくもりが忘れられません。私たちの体に私たちの心に，先生は生きているのです」	公共の精神，郷土を愛する態度 貴方が登だったら，カルテにハンセン病と書いただろうか。書いたという人は赤，書かなかったという人は白の帽子をかぶって下さい。その理由は？ 立場の選択 ●立場の変換 患者の人たちはどんな思いで登のことを建てたのか。 差別を憎む 〇貴方はハンセン病の患者を離れ小島に閉じ込めた人たちをどう思いますか。

表2　『ハンセン病患者と共に』（小笠原登の一生）教材分析表

2

実践編

「学級づくり」を基盤とした道徳科の授業
——小学校1年「森のゆうびんやさん」の実践を通して

（1）授業者立案の想い

① 大学生の時の私

　名城大学理工学部数学科を卒業し，教師となって6年目になった。大学3年生の頃，小学校教員資格認定試験に合格し，大学卒業後に念願の小学校教諭になる道が開けた。

　学生時代に，数多くのボランティア活動を行った。あま市立伊福小学校で学校支援ボランティアを行ったり，東浦町立片葩小学校でスクールパートナー[*1]をしたりして，さまざまな学校現場で学ぶことができた。多くの子どもたちと関わっていく中で，「教師の仕事って素晴らしい」と感じることができた。子どもたちが今までできなかったことが少しずつできるようになっていったり，苦手だった算数が少しずつ解けるようになっていったりする姿を目にしてきた。「先生！　算数が楽しくなってきたよ！」と言ってくれると，本当にうれしかった。教師という仕事は，子どもの成長を間近で感じることができるとても素晴らしい仕事だと感じることができた。

② 本物の道徳の授業との出会い

　自分が小学生の頃の道徳の授業については，学級活動と同じようなイメージがあった。行事の練習や学級遊びの時間に使われていたような気がした。また，教科書教材を読む授業でも，教師の発問に対して一部の子どもがすぐに答え，淡々と授業が進んでいったのを，今でも覚えている。「道徳の授業はつまらない！」，そう感じていた。

　大学3年生の春，大学で行われたフォーラムで，当時東浦町立片葩小学校の校長であった中村浩二氏と出会った。その後，中村氏自身による道徳の模擬授業を体験する機会があった。その授業にとても感動したことを，今でも覚えている。実際に子ども役になりきって授業を受けた。私はあまり自分から意見を主張する性格ではないため，周りにいた子ども役の人の意見をずっと聞いていた。「この人はこんな考えをしているんだなあ」と，ただ聞いているだけであった。授業が進んでいく中で，ハッとさせられる場面があった。「あっ，そういう考えもあるんだ」「なるほど。確かにその通りだ」と，新たな気付きを発見したのである。授業終盤では，この授業を通して，過去の自分を見つめ直す時間があった。自分自身の中での新たな発見から，「自分もこれから変わろう」と思った。それによって心がスーッと軽く

---

*1…スクールパートナーとは，愛知県東浦町立片葩小学校で行っている学生ボランティアを指す。夏季・冬季休業中に開催する「わくわく算数教室」で算数の個別指導を行ったり，授業日に来校し，学校生活全般について児童を支援し，教師を補助したりする活動をしている。

なり，爽やかな気持ちになった。「これが本物の道徳の授業だ！」と初めて感じた瞬間だった。

　後から話を聞くと，中村氏は教材研究にとても多くの時間をかけているとのことだった。学習のねらいを達成するために授業の核となる中心発問をどこにするのか，また，その中心発問を補ったり，学習内容を定着させたりする補助発問をどう設定するのかなど，1時間の授業に対する教材研究の深さに感銘を受けた。私はこの日を境に，「子どもたちの心に響く授業が見てみたい」という思いを抱いた。そして，教師となった今，目の前の子どもたちへの授業のために，日々の教材研究に努めている。

③　目の前の子どもたちのために

　小学1年生の担任をしていた時のことである。学級の子どもたちは，元気いっぱい笑顔いっぱいで，とても明るい子どもたちであった。何事にも興味をもって活動し，掃除や給食当番などに意欲的に取り組んでいた。しかし，中には「自分がやってみたいという興味から仕事をしている子」や「決められた仕事を終わらせればいいと思っている子」など，みんなの役に立っているという実感をもてずにいる子どももいた。また，学校生活に慣れてきて，「友達任せにして遊んでしまう子」もいた。このような子どもたちに，当番活動をきちんと行うことがみんなの役に立っているということに気付かせ，進んで働こうとする意欲を高めることが大切であると考え，本実践を行うことにした。

(2)「役割演技」の活用と，そのための「よい学級の雰囲気」づくり

①　「役割演技」の活用

　本実践では，「役割演技」を活用して，資料だけでは分かりづらい場面を，子どもが自由に演じて考え，登場人物になりきって会話をすることで，意見や考えを出しやすくさせたいと考えた。そのためには，子どもたちが役を演じられるような場の設定が必要である。学び合う土台がない学級で，「今日は，この登場人物を演じてみて，みんなで考えてみよう」と投げかけてみても，授業が成功するとは思えない。友達の話を聞く姿勢，友達に意見を伝える姿勢など，普段の授業で学び合う土台，すなわち，学級経営が大切だと考えた。

　これまで道徳の授業を行ってきて一番強く感じていることは，「道徳の授業は普段の学級づくりが基盤となる」ということだ。子どもたちは自分が話すことは好きだが，教師や友達の話をしっかり聞くのは苦手である。子どもたちが互いに意見を伝え合い，そして聞き合う力がないと対話が成立しない。友達の発表を受け止め，「あっ！　そんな考えもあるんだな！」と感じて，互いに考えを共有し，自分の価値観へとつなげていくことが大切だと考えた。話し合う力は，道徳の授業だけではなく，他の授業でも必要とされているので，普段の学級づくりが道徳の授業の基盤となると考えた。

　「役割演技」には，普段から人の考えを真剣に聞こうとする雰囲気づくりが大切である。演技のやり方がおかしいと笑われたり，上手下手を評価されたりすると，演技をする意欲を

失ってしまう。演者の演技を茶化したり笑ったりしない人間関係づくりを目指し，安心して演技できる雰囲気をつくるようにした。

② 「聞き方あいうえお」と「話し方かきくけこ」

当時の学級では，図1，図2のような「聞き方あいうえお」と「話し方かきくけこ」を1年間教室に掲示し，学級のルールとしていた。小学1年生では，必要に応じて繰り返し唱えさせていくことで，友達との対話で欠かせないポイントを意識付けることができる。道徳に限らず，どの授業でも友達の考えを聞く際に「相手の顔を見る」ことや「一生懸命に話を聞く」ことができるように意識させる

図1　聞き方あいうえお　　図2 話し方かきくけこ

ようにした。また，友達の発言が間違っていたり，趣旨とずれていたりしていても，全員が「笑顔の心」で話を「終わりまで」聞き，友達を笑ったり傷付けたりする子どもが誰もいないようにした。子どもたち一人一人が周りの友達に受け入れられ，必要とされていることを感じられるような温かい学級づくりを目指した。

③ ハンドサイン

また，子ども同士の発言つなげて対話的な学習を行うために，ハンドサインの活用を行った。2019年度からは，学校全体で取り組むようになっている。友達の発表に対し，付け足す意見がある子は「2本指」，賛成の子は「1本指」を出すことで，友達の意見に対して全員が反応を示すことができるように

図3　ハンドサイン

した。ハンドサインを出すことで，それぞれの意見に対する立場の選択ができる。また，友達の考えや思いを自分の考えと関連付けて比較し，他者理解につなげることができる。当時の学級には自分の考えを言葉で伝えるのが苦手な子どもがいたが，そのような子どもでも，ハンドサインを出すことで自分の意見をみんなに伝えることができた。

このような方法を使って，全員が自分の意見を示すことができるような環境設定を行っている。「自分が知りたいと思ったことを追求することができた」「友達と協力して知りたかった答えを導き出せた」といったような「主体的・対話的」な授業を通して，「自分の概念が変わった」「考える時の新たな観点を発見した」というような「深い学び」を得られたときに感じられる喜びを子どもに味わわせていきたいと考えていた。

(3)　道徳の授業づくりについて[*2]

①　その教材ならではのねらいを設定

　道徳に限らず，どの授業でも適切に「本時のねらい」を設定することが重要である。そのねらいが達成できたかどうかで，今日の授業が良かったか悪かったかが判断できる。道徳では，その教材ならではのねらいを設定する必要があると考えている。そのために，教材を徹底的に読み込むようにしている。この教材を使って「考えさせるべきこと」や「議論させるべきこと」がどこになるのかを考え，「本時のねらい」の中に入れるようにしている。本実践では，進んでみんなのために働いている「くまさんの気持ち」を考えさせたいと考えて，ねらいを設定した。

②　教材に興味をもたせる工夫

　私は必ず，範読する前に子どもたちに教材への興味をもたせるように心がけている。なぜならば，いきなり教材を読み始めても子どもたちは「知りたい」「読んでほしい」という意欲が高まっておらず，その結果，一度の範読で内容が頭の中に入っていかないからである。教科書教材であれば，題名，イラスト，写真，データ，本文などの構成要素をできるだけ細分化し，それらを関連付けるようにして提示している。今回の授業では，実際に子どもの活動している写真を提示して教材への意欲付けを行った。それ以外にも「なぜそのような題名になっているのか」「なぜこんなイラストがあるのか」「なぜそのような文章表現になっているのか」「なぜこんな言葉を使っているのか」というように，「なぜ？」を使って意味を考えさせることで，子どもたちに教材への疑問をもたせ，興味をもたせるようにしている。

③　思考を刺激する発問の工夫

　思考を刺激する発問が，今の私自身の課題である。どのような授業にしようか考える際，まず思い付く発問をたくさん書き出すようにしている。その中で，ねらいを達成させるために有効な発問を選択して授業をするようにしている。今回の授業では，中心発問を「やぎじいさんに郵便物を届ける場面でのくまさんの気持ち」について考えさせるようにした。そして，役割演技を活用して「くまさん」と「やぎじいさん」になりきって，即興的に演技することで，さまざまな見方を交流させるようにした。

④　身近な問題として捉えさせる工夫

　中村氏の模擬授業を体験した時のように，教科書教材の内容で終わるのではなく，最後に自分自身の問題として捉えさせることが大切であると考えた。本時では，導入場面で当番活

[*2]…今回の授業づくりの実践では，愛知教育大学教育実践研究科教授の鈴木健二氏の著書『道徳授業をおもしろくする〜子どもの心に響く授業づくりの極意〜』に載っている「授業づくりの4つのポイント」を参考にして考えた。鈴木健二氏は，全国各地の教育委員会や小中学校等で道徳授業づくりや学級づくり，授業づくりについて講演活動を行っている。

動について提示し，くまさんの行動について考えることで，自分が今後どのように当番活動を行っていくとよいかを考えさせる時間を設けた。

(4) 授業実践の様子

今回の実践で使った教材「森のゆうびんやさん」のあらすじは，次の通りである。

あらすじ

森の郵便屋さんであるくまさんが，森のみんなのために心を込めて荷物を配達する。郵便が無い日でも，くまさんは森のみんなと話をしたり，他の森の様子を伝えたりしてくれるので，森のみんなはくまさんがやってくるのを楽しみにしている。雪の日でも，くまさんは山の上のやぎじいさんへ荷物を配達した。一日の仕事を終えたくまさんの家に，森のこりすからお礼の手紙が届けられていた。

① その教材ならではのねらいを設定

主　題	働く喜び（勤労，公共の精神）
教材名	森のゆうびんやさん（教育出版）
ねらい	森のみんなのために心を込めて郵便物を届けようとするくまさんの気持ちを考えることで，みんなの役に立つということや，周りの人に喜びを与えることができることに気付かせ，進んでみんなのために働こうとする心情を育てる。

「勤労，公共の精神」に関する内容項目は，低学年では「働くことのよさを知り，みんなのために働くこと」とされている。そして，「働くことのよさ」とは，「人の役に立つ喜び」「仕事に対するやりがい」「働くことを通しての自分の成長」を感じることとされている。

働くことについて，授業前は「自分が楽しいから働きたい」と考えていた子どもが，授業後には「周りの人のために働きたい」といった「相手」を意識できるようにしていきたいと考えた。

② 教材に興味をもたせる工夫

学級の子どもたちは，自分から進んで働き，喜びを感じることはできるが，それが長続きしないことが多い。相手から喜びや感謝の気持ちを言葉で伝えてもらうことが，働こうとする意欲を持続させるためにも大切となる。そこで，学校の当番活動という実際の生活場面と結びつけることにした。

初めに，当番活動について振り返った。写真（写真1）を提示し，普段どのような当番活動をしているのかを視覚的に分かりやすくして振り返った。「どんなことを考えて当番活

写真1　提示した当番活動の写真

46

動をしていますか？」と発問すると，子どもたちからは，「一生懸命頑張りたい」という意見が出たが，「楽しい」「少し面倒」「休み時間が無くなっちゃうから急いでやる」といった自分自身が中心となる発言も出た。

　次に，「もう一人働いている人を紹介します」と伝え，教材の中にあるくまさんが配達をしているイラストを提示した。「くまさんは何をしているのかな？」と尋ねると，「荷物を届けている」「郵便屋さんだ」と答えが返ってきた。そして，「くまさんの行動や気持ちについて考えよう」というめあてを提示し，範読を行った。

　次に「くまさんは一軒一軒どのように配達していましたか？」と発問した。すると子どもたちは「声を掛けながら配達していました。」「賛成。(ハンドサインのパーを出す。)」と答えた。そこで，くまさんはどんな気持ちで，みんなに配達をしているのだろう？」と発問し，ワークシートに記述させた後，発表させた。

　初めは，「大変だけど自分の仕事だから一生懸命に頑張ろう」という「自分」が中心となる意見が上がっていた。その後，子どもの意見をハンドサインで繋いでいくと，図5のように「くまさんはみんなが喜んでくれるから，とてもうれしい気持ちになるよ」という意見に変わっていった。「喜んでくれるってだれに？」と再度問い返すと，他の子どもが「森のみんなが喜んでくれる」と答えた。くまさんは自分の仕事を一生懸命にすることで，森の「みんな」が喜んでくれているということを全体で押さえた。

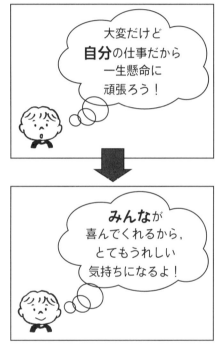

図5　子どもの考えの変化

③　思考を刺激する発問の工夫

　役割演技を活用して，くまさんがやぎじいさんに郵便物を届ける場面について考えた。普段の学級の子どもたちの様子を見て，くまさん役は，当番活動を一生懸命に行っている子，やぎじいさん役は，しっかりと感謝の気持ちを相手に伝えることができている子を指名した。

　役割演技をする前に，クラス全体で「よく見る，よく聴く，よく考える」の三つの約束をした。演じる子の身振りや手ぶりなどをよく見ること，演じる子の発言やそれに対する友達の意見をよく聴くこと，そして見たこと聴いたことを含め，自分の頭でよく考えることを示した。全員でよく「見て」，「聴いて」，「考えた」ことを対話していくことで，道徳的価値の意義を学べるように心がけた。以下は，授業記録の抜粋である。

〈雪山を急ぎ足で配達する場面〉

T 1	このとき，くまさんはどのような気持ちで配達していたのかな？
S 2	とっても寒そう！
S 3	雪山道だからとっても辛そう。
S 4	寒そうだけど，でも，やぎじいさんのために配達したいと思っている。
S 5	賛成。やぎじいさんの喜ぶ顔が見たいんだよ！
T 6	なるほどね。何で荷物を大切に届けていたのかな？
S 7	荷物は大切に扱わないといけないからね。
S 8	それも，やぎじいさんのためにだよ。笑顔を見るために！

　くまさんがやぎじいさんのためにどのように配達をしていたかを確認した。くまさんはやぎじいさんの「喜ぶ顔が見たい」「笑顔を見たい」と，周りの人のことを思って仕事をしていることを重ねて押さえることができた。

〈やぎじいさんに届けた場面〉

T 9	どうしてやぎじいさんは「ありがとうございます。」って言ったのだろう。
S 10	荷物を一生懸命に届けてくれたから。
S 11	忙しい中，来てくれたから。
S 12	寒い中，一生懸命に届けてくれたから。
T 13	では，その時のくまさんの気持ちはどうだろうか？
S 14	恥ずかしくて，照れている！
S 15	とってもうれしそう。

　やぎじいさん役の子どもが郵便物を受け取った後，「ありがとうございます」と発言したことを取り上げ，くまさんは感謝されていることを押さえることができた。子どもたちは，やぎじいさんに喜んでもらって役に立っているという仕事の「やりがい」を感じるくまさんの気持ちに共感することができていた。

　最後に「こりすさんから手紙をもらった時，くまさんはどのような気持ちになったのだろう？」と問い返した。子どもたちからは，「手紙をもらってうれしい」

写真2　やぎじいさんに郵便を渡す場面

「今まで頑張って配達してきて，喜んでもらえてうれしい」「こりすさん手紙をくれてありがとう」「みんなが自分のことを好きでいてくれて良かった」という意見が出た。

④　身近な問題として捉える工夫

　再度，自分自身の当番活動について考えさせた。「くまさんは配達する仕事だったけれど，みんなはどんな仕事がある？」と聞くと，全員が「当番！」と元気な声で答えた。「みんなには学級の仕事で当番活動があったよね。これからみんなはどのように当番活動をしていきますか？」と発問した。以下は子どもがワークシートに記述した内容である。

〈子どものワークシートの記述〉

・自分もくまさんのように，配達当番を頑張りたい。みんなに喜んでほしいから頑張る。
・仕事は大変だけど，森のみんなが喜んでくれたように，クラスのみんなを喜ばせたい。
・いつも休みもなく，他のみんなから「ありがとう」って言ってもらえるくまさんのような人になりたい。
・みんなも頑張って仕事をしているから，自分もくまさんのように給食当番を頑張りたい。
・自分もくまさんのように当番を頑張って，くまさんのような人になりたい。
・鍵・窓・電気当番や給食当番を一生懸命にやって，みんなを元気にしていきたい。
・クラスのみんなの喜んでいる顔を見たいから，当番を頑張りたい。
・自分の仕事を一生懸命にやって，みんなを喜ばせたい。

(5)　授業の考察（○：成果，●：課題）

○　当番活動の写真を提示してから，くまさんのイラストを提示したことで，教材への興味付けを行い，「くまさんの行動や気持ちについて考えよう」というめあてを掴ませることができた。子どもが本時の授業で何を考えなくてはならないのかを明確にしてから範読をすることができた。

○　ハンドサインを毎日使ってきたことで，友達の意見に賛成を示したり，意見を付け足したりして，子どもが多角的・多面的な考えを展開することができた。また，教師が子どもの考えに別の子どもへと問い返したり，同じ意見を繰り返して発言させたりしたことで，より自分の言葉で表現ができるようになった。

○　当番活動について振り返った際に，「自分が楽しい」「自分の仕事を一生懸命にやる」といった「自分」が中心となる意見があったが，最後の振り返りの際，「友達の喜ぶ顔が見たい」といった，「友達」を意識した意見が多かった。当番活動という自分自身の仕事について初めと終わりで同じように考えさせることで，子ども自身が本時の授業を通して，他者を意識できていることがよく分かった。

●　教材に興味をもたせる場面では，時間をなるべくかけずに範読へ進むべきであったが，時間がかかってしまい，展開部分や振り返り部分で時間が短くなってしまった。いかに短時間で教材への興味をもたせるかが，今後の課題である。

● 最後の振り返りを書かせる際，いきなり書かせるのではなく，全体でもう一度くまさんの行動や気持ちについて振り返らせるべきだった。そうすることでくまさんの行動から「働くことのよさ」についての思考を子どもの中で整理でき，もっと書きやすく進めることができたと感じた。

(6)「役割演技」をさらに活用していくために

① 場面設定と演者の役割をはっきりと！

演者の子どもにはスタートからどこまで演じたら良いのかが明確でなかったため，戸惑う場面が見られた。「道の場面」「大切に届けている場面」「感謝される場面」「中身をあける場面」など，もう少し細かく場面を絞り，教師が示すと良かったと感じた。

そして，意見を発表させる際も，テンポよくたくさんの子どもに発表させ，板書はキーワードだけをメモした方がスムーズに進めることができたと感じた。

② 「よく見る」「よく聴く」「よく考える」の意識を！

今回の実践では，2人の演者を教師があらかじめ設定し，周りの子どもたちはその行動や様子を「よく見る，よく聴く，よく考える」ようにさせた。小学1年生では，一斉にペア活動でやらせてしまうと，演じることが楽しくなり本来の目的となる演者の言葉や様子がつかみ辛いだろうと考えたからだ。

しかし，授業後の子どもたちは「自分たちも演じてみたかった」という感情を抱いていた。「どうしてあの子だけ……」と子どもたちが思わないためにも，年間を通して全員の子どもたちが演者をできる授業を考えなければならないと感じた。また，役割演技の仕方も教師がやぎじいさん役を行い，くまさん役を何人かの子どもに演じさせるといったやり方もできた。そうすると，もっと多くの子どもたちが「くまさんの気持ち」を体験して，新たな気付きがあったのかもしれない。また，演者を務める子も，何を話したらいいのか，どのように行動したらよいのかを迷う場面も見られた。先に隣同士でペアになって全員で練習させてから，全体発表をさせてもよいと感じた。

「役割演技」の仕方もたくさんある。しかし，「役割演技」は自分が演じるだけでなく，見ている側にも学びにつながらないといけない。「どうしてあの子はこのように言ったんだろう」と，演者の言葉一つ一つを意識することで，学級全体で学び合える授業を作っていきたい。

(7) おわりに

学級の学びの風土が，道徳の授業では一番大切だと改めて感じる。児童が自分の道徳観や生活実態を振り返り，よりよい生き方についてみんなで考え，発表したり交流したりする場面を多く作るようにしている。多様な意見が出されることによってこそ，学びが一段と深まっていく。自分と違う考えが出た場合，自分の見方を広げるもととなっていく。一人一人が真

剣に考えた意見を大切にして，決してばかにしたりからかったりはしてはいけない。自分の意見を真剣に聞いてもらえ，学び合えるような学級の雰囲気づくりをこれからも目指していきたい。

　今回は，「役割演技」を活用して道徳の授業を行ったが，やはり日々の授業で「話す」「聴く」トレーニングを行う必要があると感じた。道徳の授業はどの教科よりも難しいと感じている。子どもたちがねらいを達成したかどうかが分かりづらく，また，全員がねらいを達成させるのは簡単ではないと感じているからだ。

　しかし，その難しさの中にも「担任として授業を考える楽しさ」があると思う。この6年間，目の前の子どもたちのことを考えて，道徳の授業を考えてきた。毎回，授業を終えて「まだまだだなぁ」「もっとこうした方がよかったのかもしれないなぁ」と課題が見つかってくる。それでも，諦めずに授業を考えて実践していく。

　すると，たまに私自身が以前，中村氏の模擬授業で体験した時のように，子どもたちの「ハッと心が動いた表情」を目にする時がある。その日の振り返り活動では，子どもたちはいつもよりも進んで記述したり，友達に自分の考えを伝え合ったりしていた。心が動き，自然と涙がこぼれる子もいた。その瞬間は，すごくうれしかった。

　道徳の授業を通して，自分が描いた想いを子どもたちに届けることができたと思うと，自信になる。今後もこのように子どもたちの心に響く道徳の授業ができるように，日々努力していきたい。

（名古屋市立橘小学校　田中真人）

"先人教材"で考え議論する道徳科の授業
——小学校6年「杉原千畝"命のビザ"」の実践を通して

（1） 授業者立案の想い

　「先人の生き方から学ぶ道徳は難しい」という声をよく聞く。いわゆる"先人教材"を扱うことの難しさは，以下の三つの理由によるものだと考えられる。

> ① 教材研究が難しい。
> ② 授業者が自信をもって授業できない。
> ③ 時代背景を子どもたちが理解しづらい。

　逆に言えば，**深い教材研究**をして，授業者が**自信をもって指導する**ことができ，**時代背景の理解を助けるような工夫や条件**が整えば，子どもたちの「道徳性を高められる授業」ができると考えられる。

　小学校新学習指導要領「第4節 道徳科の教材に求められる内容の観点」には，「先人の伝記には，多様な生き方が織り込まれ，生きる勇気や知恵などを感じることができるとともに，人間としての弱さを吐露する姿などにも接し，生きることの魅力や意味の深さについて考えを深めることが期待できる」と述べられている。

　4月に行った自分を見つめるアンケートや子どもたちとの個人面談から，本学級の実態として，先人の伝記を読んだことが少ない子どもたちや先人の生き方に憧れや魅力を感じていない子どもたちが多いということが分かった。また，先人の伝記を読んでみたいという思いはあるものの，そもそも伝記を手にする機会が少なかったり，話の舞台が今の時代と異なるという理由で敷居を高く感じたりする子どもたちが多いことも分かった。さらに，先人を「自分とは異なる昔の天才」という印象をもつ子どももいた。これらの実態は，先人の伝記に勇気づけられたり知恵を感じたりした経験が乏しいことや，先人たちは自分たちとは違ってまるで苦労知らずの超人であるような印象をもっているためであると考えられる。

　そこで，"先人教材"を生かして生きる勇気や知恵を感じ，道徳的価値を実現する上での迷いや葛藤について考えることを通して，生きることの魅力や意味を深く考えることのできる子どもたちの育成をしようと考えた。

　今回は，第二次世界大戦時，6000人のユダヤ難民の命を救った日本人「杉原千畝」を題材にした授業実践を行うことにした。ビザの発給をめぐり，千畝を取り巻く環境や時代背景の中で迷い葛藤する場面を子どもたちに考えさせたり，千畝の家族や日本政府，ユダヤ人と

その家族やドイツ国や世界の国々などの視点をもたせたりすることで，多様な価値観に触れ，自己の価値観の更新・発見に繋がると考え，本実践に取り組んだ。

(2) 授業作り

今回の授業実践にあたり，次の三つのことを意識した。

> ①　教師による徹底的な教材研究
> ②　教師と児童が一体となる授業展開
> ③　ICT 機器を使用した視覚的教材の活用

①　教師による徹底的な教材研究

"先人教材"を取り扱う際，教科書のテキストを聞く中で，時代背景や当時の価値観，登場人物の様々な情報など，素朴な疑問や質問が子どもたちからあふれ出ると考えられる。それらに対応するために，教師に教材への深い理解が求められる。そこで今回は，十数冊の書籍や映像資料を当たって理解を深め，マインドマップを作成し授業に臨んだ。（図１）

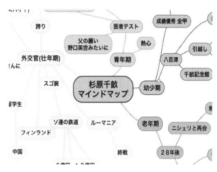

図１　千畝マインドマップ

また，岐阜県にある杉原千畝記念館や，愛知県立瑞陵高校にある杉原千畝の顕彰施設にも足を運んで，資料を集めた。教科書に載っている情報をより詳しく子どもたちに伝えられるよう準備を行った。自作ワークシートを作成し，ビザの発給による影響や千畝の思いを書けるよう工夫した。（図２）

図２　自作ワークシート

②　教師と子どもたちが一体となる授業展開

本時で扱う「杉原千畝」は，岐阜県で生まれ，愛知県で育った地元の先人であることを伝え，子どもたちにとって遠いけれど身近な存在として認識させることにした。また，学級文庫の先人コーナーに杉原千畝に関する本を置き，子どもたちが手に取れるようにした。予備知識をもった子どもたちに授業導入で千畝について説明させることで，教材への理解の手助けとなるようにしたいと考えた。

学級の実態を踏まえ，ペア活動やグループ活動は最小限に抑えることにした。今回は，ビザ発給の賛成派と反対派に分かれて議論をさせる。その際，議論が過熱し，口論に発展することが予見される。そこで，教師が千畝の役となり，子どもたちが千畝の心となることを伝え，決して勝ち負けではないと感じられるようにした。この議論を通して，学級の仲間全員

で千畝の葛藤する姿に近づけたことを実感させたいと考えた。

③ ICT 機器を使用した視覚的教材の活用

　子どもたちは，戦争とはどういうものなのか，その背景はどうなのかという理解は浅い。そこで，ICT 機器などの視覚的教材を使用することで，子どもたちの視線を集めたり，理解を深めたりするように工夫した。具体的には，テレビ画面にパワーポイントで資料を提示したり，映像資料を流したりした。（図３）

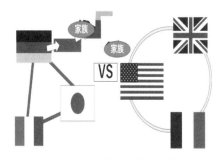

図３　時代背景の説明資料

(3) 授業の計画（指導案）

主　題	社会正義の実現（人権の尊重）
教材名	杉原千畝　―大勢の人の命を守った外交官―
ねらい	ビザ発給に悩む千畝の心境について考え，さまざまな視点をもって議論を通していく中で，千畝の思いや立場を理解し，社会正義の実現に向けての勇気や心構えを育てる。

段階	学　習　活　動	指導上の留意点
導入3分	1　教師が提示した敦賀湾でのユダヤ人の言葉を読む。 2　学習課題を知る。	・テレビ画面に資料を映し出す。 ・誰の言葉かは伝えず，授業の終盤で再び提示した時に，ユダヤ人の言葉であったことに気付かせる。
展開36分	3　資料を読む。 (1) ヒトラーがどんな差別をしたのか考える。 (2) 7月18日に領事館に集まったユダヤ人にビザを発給したかどうか考える。 (3) 4日後に発給したかどうか考える。	・教師が資料を読み上げる。 ・ヒトラーがユダヤ人を「差別」したという表記を線で囲う。 ・○×の二択で考えさせる。 ・千畝は4日間で2回，日本政府に許可を願い出たが，最後まで許可が出なかったため，ビザを発給できなかったことを伝える。

展開36分	4　ビザ発給をした場合に起こる良いこと悪いことを考える。	・ペア→グループの順で活動させる。 ・ホワイトボードを使い，グループで考えた上で記入し，黒板に掲示させる。
	5　千畝の思いや立場を理解する。 (1) ビザ発給賛成派と反対派で分かれて議論する。 (2) ビザ発給への決意をワークシートに書く。 (3) 映像資料（終戦60年ドラマスペシャル「日本のシンドラー杉原千畝物語」）を見る。	・千畝，家族，ユダヤ人，各国などの様々な視点をもたせる。 ・当時の人々の苦しみや不遇，千畝の決断の意義などを感じ取らせる。 ・導入で提示した資料は，ユダヤ人の言葉であったことに気付かせる。
終末6分	6　杉原千畝の生き方についての感想を書く。	・千畝のような，差別なく大勢の命を救った日本人がいたことを知ることで，憧れや誇りを感じる余韻を残して授業を閉じる。

(4) 授業の実際

①　教師が提示した敦賀湾でのユダヤ人の言葉を読む。〔1分〕

（資料を提示しながら）何のことだろうね。

子どもたちに資料（図4）を提示し，自由に思ったことをペアで交流させた。「日本が天国ってどういうことだろう。外国から見た日本ってことかな」「何百年も忘れないって本当かな」「リンゴをもらうってお金がなくて貧乏だったってことなのかな」など，様々な疑問をもった様子が伺えた。そこで，本時の学習課題を伝えた。

○日本が天国に見えた。
○リンゴなどの果物を無料でもらった。
○銭湯の主人が，無料でお風呂を開放してくれた。
○敦賀の人たちは優しかった。親切だった。何百年経とうと，けっして敦賀のことを忘れない。

図4　ユダヤ人の言葉

②　学習課題を知る。〔2分〕

今日は，杉原千畝さんの生き方から，学びます。

子どもたちの中に，伝記やテレビ番組を通して杉原千畝を知っているという子どもたちが数名いた。そこで，杉原千畝について知っていることを学級の仲間に説明してもらうことにした。「第二次世界大戦時に，多くの外国の人の命を救った人」という趣旨の説明をするこ

とができ，学級内で予備知識として共有することができた。

③　資料を読む

ア　ヒトラーがどんな差別をしたのか考える。〔2分〕

　教師が教材を範読した。「難民」「ビザ」など子どもたちに馴染みの薄い語句に関しては説明を入れながら，ゆっくりと読んでいった。本文中に「差別」という語句が出てきたので，そこで一旦読むのを止め，赤鉛筆で囲ませた。

> ヒトラーは，どんな差別をしたんだろうね。

　子どもたちが連想する差別と言えば，仲間外れや特定の人だけ特別扱いするといったことに収束する。金品を巻き上げ，国から追いやり，命まで奪うといったことは考えの外である。ホロコーストには，ショッキングな内容が多々あるため，ここではユダヤ人の靴が山のように積まれた写真を提示し，罪もなく殺されたユダヤ人の遺品であることのみを伝えた。

　子どもたちは始め，「ごみの山？」「バナナかな？」などと言っていたが，ある子が「もしかして靴じゃない？」と気付き，空気が一変した。

イ　7月18日，領事館の前に集まったユダヤ人にビザを発給したかどうか考える。〔2分〕

　子どもたちに一つの写真資料を提示した。その写真は，ドイツ軍から逃げてきた100人以上のユダヤ難民が，ビザの発給の申請のために，千畝が領事代理を勤めているリトアニアの領事館に集まってきている様子を捉えたものだ。

　その写真から表情などを読み取らせたところ，「深刻そうな表情をしている」「門から身を乗り出しているね」などの感想を聞くことができた。ユダヤ難民の中には，命からがら逃げてきたため，身分を証明するものや手続きに必要なお金を用意することができない者も大勢いたことを伝えた。

> 7月18日のこの日，千畝はビザを発給したのでしょうか。

　発給したと思う子は○を，そうでない子は×をノートに書かせた。挙手で確認したところ，半々程度に分かれた。理由を聞いたところ，○の子からは「そりゃすぐにビザを発給するよ！」，×の子からは「条件を満たしていない人には，すぐには発給できないんじゃないかな。」という意見が出てきた。

　答えは×であることを伝え，その日は，ユダヤ難民の代表5人と話をし，日本政府に許可をもらうため4日後にまた判断するということになったことを説明した。

ウ　4日後に発給したのかどうか考える。〔2分〕

> 4日後の7月22日に，千畝はビザを発給したのでしょうか。

　先ほどと同様，発給したと思う人は〇を，そうでない人は×をノートに書かせた。すると，今度はほとんどが〇を書いていた。

　今回も，×であったことを伝えると，千畝の伝記を読んだことがある子が，「え，千畝はビザを出したんじゃないの？」と発言した。さらに3日後の7月25日に，千畝の判断でビザの発給を開始したことを説明した。この3日間の千畝の心の葛藤を学級全体で考えることにした。

④　ビザ発給をした場合に起こる良いこと，悪いことを考える。〔12分〕

> ユダヤ人へビザ発給をした時に起こる「良いこと」と「悪いこと」を考えよう。

　ペアで相談する時間をとってから，個人でワークシートにできるだけたくさん書き出すように指示をした。（図5）良いことも悪いことも書き出す中で，さまざまな視点が出てきたことに気が付く子どもたちが出てきた。それをまとめたのが，下の表である。

図5　ワークシート

良いこと	悪いこと
千畝の視点 ・自分の正しいと思うこと。 千畝の家族の視点 ・家族も，正しいことだと思っているかも。 世界の視点 ・世界平和のため。 ・いつか分かってくれる。 ユダヤ人の視点 ・命が助かる。 ・家族も助かる。	千畝の視点 ・地位を失う。 千畝の家族の視点 ・路頭に迷う。 ・危険な目にあう可能性。 日本政府の視点 ・ドイツとの関係が悪化。 ・沢山日本に来られても困る。 ドイツの視点 ・ユダヤ人に逃げられる。 ・悪いことがばれてしまう。

表1　様々な視点で見たビザ発給による「良いこと」・「悪いこと」

⑤　千畝の思いや立場を理解する

ア　ビザ発給賛成派と反対派でクラスを分け，議論する。〔１０分〕

写真１　千畝役を演じる教師

　教師が千畝の役となり，子どもたちを賛成派，反対派に分けて千畝の心となって議論を行った。その議論の様子は，次のとおりである。（表２）

S1	【反対】千畝の家族や友達も差別されてしまう。
S2	【反対】似ていて，自分が出してしまったら，日本政府に怒られてしまうし，家族も周りから差別されてしまう。
T3	そうだよね。やはり，ビザを発給することは難しいよね。やめよう。
S4	【賛成】自分の心に従いたいんじゃないんですか。本当は，人の命を救いたいんじゃないのかい！
S5	【賛成】人として，どうしたらいいか分かっているんじゃないんですか。
S6	【賛成】ビザを出さなかったら，何千人の命が失われるかもしれないし……。世界全体で考えたらビザを出したほうがいい。
T7	そうか。確かに，多くの人の命に関わることだ。ビザを出そう！
S8	【反対】待って待って，本当にいいの。今まで残した業績がなくなってしまうだけでなく，すべてを失ってしまう。
S9	【反対】家族も困ってしまうし，ドイツからも責められるし，日本からも居場所がなくなってしまうかも。
S10	【賛成】千畝は今まで日本のために頑張ってきたから，もしかしたらそんなに罰は与えないかもしれない。だから，出したほうがいい。
S11	【賛成】人の命がかかっているのだから，ビザを出す意味がある。ユダヤ人にも家族がいる。

表２　賛成派と反対派に分かれて行った議論の様子

　千畝の気持ちだけでなく，千畝の家族や周りにいる人々，日本政府とドイツの関係や世界，ユダヤ人やその家族にまで視点をもつことができていることが分かる。

イ　ビザ発給への決意をワークシートに書き，発表する。〔７分〕

　議論を生かし，千畝の「決断の思い」をワークシートに記入させた（写真２）。その後，より差し迫った状況

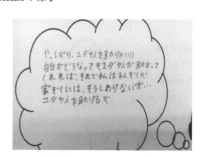

写真２　ワークシート

を理解させるために，妻の由紀子さんの手記を紹介した。

以下が，子どもたちの書いた「決断の思い」である。

・やっぱり，ユダヤ人を助けたい。家族には申し訳ないが，ユダヤ人を助けるぞ。

・私自身の行動一つで多くの命が左右されてしまうことを忘れてはいけない。<u>日本政府にとっては正しくないかもしれないが</u>，私は人として正しいことをしよう（正しいと思うことをしよう）。

・もし私がビザを出さなかったら，罪のないユダヤ人がたくさん殺されてしまう。しかし，私がビザを出したら，罪に問われるかもしれない。ただ，<u>罪のない人の命が奪われるのは絶対にダメだ</u>。

・<u>日本政府に罰せらるかもしれないが</u>，ビザを出そう。このままでは<u>私も家族も一生後悔することになるから</u>。

・何千人のユダヤ人を助けることは，私や家族のためだけでなく，<u>世界のためになるはずだ</u>。

・こうして悩んでいる間にも，殺されている人はいるかもしれない。<u>決断しよう！</u>ビザを出そう！

・日本政府から罰せられたり，悪い目で見られたりするかもしれないけれど，7月21日に領事館前で必死にビザ発給を頼んできたときの顔は忘れられない。やはり，出さなきゃいけない。

・<u>ドイツとの関係は悪くなるし</u>，<u>私もただではすまないだろう</u>。しかし，罪のない大勢の命が失われてしまう。今は，<u>私自身の立場を守るときではない</u>。<u>人として正しい行いをすべき時だ</u>。

・私にできることは，ビザを出すことくらいしかない。私は<u>世界の役に立つために</u>仕事をしてきた。家族には悪いが，それが私の使命だ。

・私にも大切な家族がいるが，<u>ユダヤ人にも大切な家族がいる</u>。自分にできることをしよう。

・ビザを出そう！　妻や子どもには，大変な苦労をかけ，申し訳ないが，これが正義だと理解してほしい。ユダヤ人を助けよう！

表3　子どもが書いた「決断の思い」

それぞれが千畝に同化し，どの意見にも様々な視点（千畝の家族，ユダヤ人，日本政府，ドイツ，世界）が入っていることが分かる。全体で発表した後，千畝の手記を紹介した。「人道主義」「博愛精神」は，子どもたちが考えたことと同じだということを伝えることで，千畝と子どもたちを結び付けた。

映像資料として，「終戦60年ドラマスペシャル―日本のシンドラー杉原千畝物語―」の
千畝がカウナス駅で，出発直前まで泣きながらビザを書き続けているシーンを視聴させた。
子どもたちは大変感動している様子で，中には涙を浮かべている子どもたちもいた。

③　杉原千畝の生き方についての感想を書く。〔6分〕

・これからは千畝さんのようにあきらめない気持ちをもっていたいと思いました。
・人道主義，博愛精神をもったかっこいい人。自分のことよりも人のことを第一に考
　えている優しい人。
・人としての生き方を千畝の授業から学ぶことができた。
・自分も杉原千畝みたいに正義感がすごい人になれたらなと思いました。
・千畝さんは，自分よりもユダヤ人のことを先に考えていてすごいと思った。私もそ
　の考えを真似したいなと思った。これからも，人に親切にしてあげたい。
・百々先生が千畝になりきってくれて千畝の気持ちが良く分かったし，人道主義，博
　愛精神という言葉を初めて知ったから，覚えたいと思った。千畝は迷って迷ってビ
　ザを出すことを決意したのは決して忘れないと思った。東日本大震災のとき，ユダ
　ヤ人や杉原千畝が関係しているのは知らなかった。もう少し東日本大震災と杉原千
　畝の関係を調べたいと思った。
・千畝は，ユダヤ人にとっても，僕にとってもヒーロー。電車の中でも書いていて，
　約一か月間も休まず書き続けて，あきらめないので，僕もそういう人になりたい。
・私も，皆のこと優先したり，あきらめない心が必要だと感じた。
・私も，1分1秒を大切にして千畝のような人生を送りたい。人を見捨てたりしない
　ようにしたい。
・ビザを書いた千畝には，勇気が必要だったんじゃないか。私にはそんな勇気がない
　けど，もしそんなことがあったら，勇気を出してビザを書きたい。
・本当にユダヤ人を助けたいという気持ちがすごく伝わってきた。
・迷いに迷って出した答えなので，本当に正しいと思いました。
・「あと一日早く決断していれば」というところで，もっと救えた人がいたことや，救
　えなかった人がいたことを思うと，いろんな気持ちが出てきた。
・百々先生が千畝の役をしてくれて，とても討論に張り合いというか，とても話しや
　すかった。
・僕も千畝のように自分より人を優先できるような優しい人になりたいと思った。
・千畝の生き方は素晴らしいと思う。こんな素晴らしい千畝さんを尊敬しようと思った。

> ・千畝さんのことを忘れずに，生きようと思った。

表3　子どもの感想（一部抜粋）

　授業の終わりに，感想を書かせた。以下が，子どもたちの感想の一部である

　どの子どもたちも，千畝に憧れをもち，日本人として誇りをもてる人物であることを理解しただけでなく，千畝のような生き方はできないまでも，困っている人に対して正義の心をもって公正・公平に接していきたいという思いが伝わってくる。また，ビザを出すまでの日にちや時間を追って考えたことで，事態の緊迫感が伝わり，議論の際にも教師が千畝の役をすることで，理解が深まったという実感を得ることができたことが分かる。

(5) おわりに

　"先人教材"には，力がある。架空の人物による物語ではなく，人が考え，悩み，決断し，努力したリアル感がそこにはある。一人の人間が世界を変えることもある。この授業以来，興味をもった先人の伝記を読む子どもたちが激増した。そして，先人同士の時代の重なりに気付いたり，歴史のつながりを感じたりする子どもたちの様子が見受けられた。また，休み時間には一つの伝記を仲間と一緒に読んだり，ある先人のよさを語ったり，インターネットで伝記に記載されていないような裏話を調べてきたり，一人一人が好きな先人を紹介し，どの先人に興味をもつかというビブリオバトルも行っていた。将来の夢（職業）をもっていなかった子どもたちが，コロンブスの伝記を読んで「未開の地である宇宙やアマゾンに行ってみたい」「野口英世のように，人類のために海外で研究をしてみたい」といった夢を語るようになった。

　本実践を通して，教師も子どもたちと共に生き方を学ぶ姿勢が大切なのだということを痛感した。「進みつつある教師のみ，人に教える権利あり」という言葉がある。今回の実践で，この言葉を実感することができた。これからも，授業や学級経営に試行錯誤をし続けていきたい。そうして，予測不可能な社会をたくましく生き抜いていく子どもたちの成長の一助となりたい。

（愛西市立佐屋西小学校　百々進祐）

3 道徳資料の教材研究
──子どもたちが道徳資料から問題意識をもつために

(1) 授業者立案の想い

　子どもたちは，小学校入学以前から，幼稚園や保育園，家庭教育により，「正直であることは大事」や「命を大切にするのは当たり前」といった感覚を，教えられたり，身につけてきたりしている。そんな子どもたちに，道徳の授業で「正直でいよう」や「命を大切にしよう」といった学習をしたとしても，学びがあるとは思えない。ただ，「正直」や「命を大切にする」といった価値を，念押ししたり，再確認したりしているだけになる。授業開始前と授業終了後の子どもたちの変容を比べてみても，何が授業によって身につけられたと言えるのだろうか。果たして，この道徳の授業は，する価値があったのだろうか……。

　以上のことを，「やってはいけない」道徳の授業と考えて常に留意している。端的に言うと，「子どもたちが『そんなこと，もう知っているよ』という反応になる」道徳の授業である。授業自体も面白くないものになるのと，何より，今後の実生活で子どもたちが生かしていける学びとならない。だからといって，道徳の授業後に，「廊下を一列で整然と歩く子どもたちの姿」や「一切のおしゃべりもなく，黙々と掃除をする子どもたちの姿」のように，子どもたちの姿が道徳の学習によって劇的に変わることを求めているわけではない。もし，授業後に子どもたちの姿が劇的に変わったならば，授業者が価値を子どもたちに注入する学習であったはずである。

　45分間の道徳の授業を積み重ねていくことによって，子どもたちの日常の振る舞い，言動といった目に見えるものや，子どもたちの感覚，心構えといった目に見えないものが，じわじわと変わっていくことを求めていきたい。道徳の学習に即時性をあまり求めないようにしたい。そして，このような道徳の授業を行なっていくためには，道徳教材の教材研究が欠かせない。

(2) 道徳教材の弱みと強みについて

① 道徳教材の弱みは何か

　道徳教材は，子どもたちにとって魅力がある。その反面，授業では退屈な反応になってしまう。それは，道徳教材が子どもたちにとって，「正直さが大切」や「約束は守る」といった予想しやすい結果になるためである。このような「正直さが大切」や「約束は守る」といった，子どもたちにとって予想しやすい結果を示す道徳教材もあれば，何となく「継続は力なり」や「無償の友情」といったことをほのめかす道徳教材もある。このような，ほのめ

かす道徳教材の場合は，たいてい子どもたちは結末がわかっていて，その結末にこめられた意味も何となく感じることができる。となると，子どもは，結末と結末にこめられた意味を「確認」する学習となってしまう。道徳教材にほのめかす性質があることが，道徳教材の弱みとなっている。

道徳教材を用いたときに登場人物の気持ちの読み取りを行った場合，「国語の学習とどう違うのか」という疑問をもったことはないだろうか。また，登場人物の言動を，登場人物の言い分も聞かずに評価，批判することは不道徳ではないか。

② 道徳教材の強みは何か

このような弱みをもっている道徳教材を，なぜ用いて学ぶのだろうか。道徳教材の強みとは何だろうか。

道徳教材を用いることの強みは，「現実の状況へ対応しやすくするため」に集約することができることである。社会的事実から，あまりにもかけ離れている道徳教材は子どもの価値形成としてではなく，将来的に子どもが直面するだろう社会的状況に対応していく能力形成に有用性を発揮するのである。

(3) 道徳授業の実際

① 道徳教材の教材研究

ここでは，小学校中学年の「たった一言」という道徳教材を取り上げる。

あらすじ

主人公の学級は，調べ学習のためにグループをつくることになった。主人公は，仲良しの友達とグループをつくることができた。しかし，よしふみ一人だけ，どのグループにも入らないでぽつんとしていた。主人公は，よしふみに声をかけるかどうか迷った。自分たちのグループに入れるかどうかを相談している友達もいる。主人公は，むかし，自分も「一人はいやだ」という経験をしている。よしふみに声をかけるかどうか迷い，最終的には意を決して，よしふみに声をかけた。よしふみは嬉しそうにしてくれたので，自分たちもえがおになった。

この資料からは，主人公が勇気を出して一人ぼっちの「よしふみ」に声をかけたことが，結果的にみんなの笑顔を生んだということが伝わってくる。例えば，「みんなの笑顔を見て，主人公はどんな気持ちになったか」と問う。これでは，子どもたちは「主人公は勇気を出して声をかけてよかったと思っている。勇気を出すということはやっぱり大事」や「勇気を出して，声をかけたかいがあったと思っている」という考えにとどまってしまう。「勇気のよさをたたえる」というような言うべきことが決まっているので，子どもたちも何となく退屈な反応になってくるだろう。

そのため，この道徳教材では，「来ないと，いやだよな」という主人公の友達の発言に注目する。本当に一人だけのよしふみを思っての発言なのだろうかこの発言のとき，近くを

通り過ぎているよしふみが聴いていたら，好意的にこの発言を受け取ってくれるだろうか。「来ないと，いやだよな」という発言は，一人だけのよしふみが自分たちのグループに加わらなかった場合，自分を正当化してよしふみに非があるような発言になっていないだろうか。この発言がよしふみに聞こえていた，聞こえていなかった，のどちらにもかかわらず，主人公の「〇〇〇」という声のかけ方は最適といえるのだろうか。もし，自分が主人公ならばどんな声のかけかたがよかっただろうか。このように具体で考えさせていくのと同時に，子どもたち個人の判断の場面も設定していく。

　「もし自分が主人公ならば，どんな声がけがよいか」という問いは，よしふみの気持ちも考えて，プライドをきずつけないような声のかけかたを考えてくるだろう。今回の実践を行った３年生の子どもたちは，自分たちの気持ちを素直に相手に伝えることができる。この素直に伝えるという点は，ときに良くないことも起きる。素直に相手に伝えたことは，ときに相手の気持ちを害することもありうる。または，意図していないことまで，ときに悪意として相手に受け取られてしまうこともある。子どもたちは大人に比べて，語彙は少ない。加えて，言い方であったり，表情であったり，伝え方一つで相手に誤解が生じてしまうことだってある。このようなことも含めて，子どもたちに「自分ならば，どんなことばが最適か，どんな伝え方が最適か」を判断させていくのである。

② 指導案

主　題	勇気を出して（善悪の判断，勇気）
教材名	たった一言（光村図書出版）
ねらい	・相手をグループに誘うことばにも，相手によい印象とよくない印象を与える場合があることに気づくことができる。 ・相手をグループに誘うという意味なのに，なぜ相手によくない印象を与えてしまうのか考えることができる。

段階	学　習　活　動	留意点と教師の支援
導入5分	1　資料を読み，話の内容を把握する。	・主人公の勇気を出した「たった一言」により，一人で過ごしていたよしふみを嬉しくさせ，主人公や主人公の友達も嬉しくさせたという結果を確認する。 ・本当に，登場人物全員が嬉しい気持ちになったのかどうか問い，資料から嬉しい気持ちにならない場面を探す。 [支] 登場人物全員が嬉しい気持ちになるという子どもには，無理に探させないようにする。

展開 30分	2　相手を嬉しくさせることばの在り方を考える。	・探した場面のうち，よしふみに聞こえたかもしれない「来ないと，いやだよな」という場面に着目させる。
	(1)「来ないと，いやだよな」と聞こえたら，自分ならどう思うか考える。	[支]「来ないと，いやだよな」が聞こえたとして，このことの何が問題か気づかない子どもには，問題があると気づいている子どものことばを使って補説する。 ・「来ないと，いやだよな」が聞こえた場合のよしふみの気持ちを，自分ならどう感じたか考える。 ・「たった一言」で，相手をいやな気持ちにさせることもあるという認識を共有させる。
	(2)「来ないと，いやだよな」のあとの声のかけ方について考える。	・よしふみに視点を移動させ，グループへ誘う際，どんなことばだと嬉しかったり，傷つかなかったりするか想像するよう，注意を促す。
	3　相手を嬉しくさせないことばの特徴を話し合う。	・一人だけで過ごしているよしふみの気持ちを想像させ，よしふみがグループの中に入りにくくなるようなことばを話し合わせる。
	(1) よしふみが嬉しくないことばを想像する。	[支]考えられない子どもには，「もしも自分がよしふみだったら」とよしふみに視点を移動させて考えるよう促す。それでも思いつかなければ，よくないことばを考えさせようとしているので無理には考えさせない。
	(2)「グループに入れる」ことばなのに，なぜよしふみはいやな気持ちになるか考える。	・よしふみが嬉しがるだろうことばと，嬉しくさせないだろうことばを比べさせ，違いに気づかせる。 ・本時の中心発問を提示し，よしふみを嬉しくさせないことばの特徴について考えを深めさせるために，意見交流をさせる。

【中心課題】同じ意味なのに，なぜ，いやな気持になるの？

整理 5分	4　中心課題のまとめをする。	・嬉しくさせないことばには，意図していなくても命令しているような内容になったり，対等な立場で言っていない内容になったりすることに気づかせる。 ・今後の学校生活や日常生活で，ことばについて気を付けたいことを自分なりに振り返らせる。

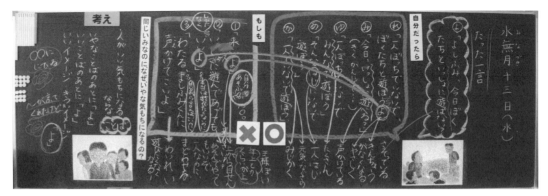

写真1　実際の板書

③　授業の記録と考察〔※授業記録は一部抜粋〕

ア　導入場面

T 1	（範読し，登場人物を確認した後）このお話，おもしろかったという人？
	（何人かが挙手をする。）
S 2	面白かったというか，よかったなぁ，ハッピーエンドという感じの話だと思う。
S 3	そうそう。最初は重い感じがする話だった。
T 4	最後はハッピーエンド？
S 5	最後に「ぼく」の一言が，みんなのえがおを生んだって書いてあるし……。
S 6	というか，「ぼく」が一番，幸せになった，よかったと思う。
S 7	勇気を出して一言いった甲斐があったというか。
S 8	だから，「けいた」と「わたる」は「ぼく」に感謝したほうがいい。ありがとうって。
T 9	なんで？
S 10	だって，二人とも（よしふみと）仲良くなるつもりなんてなかった。
S 11	そう思う！　それか，かっこつけて，声かけれんかっただけかも。
T 12	「よしふみ」くんも，本当にハッピーエンド？
S 13	友達になれたから，ハッピーエンドでしょう。

〈考察〉

　導入段階では，登場人物全員が嬉しい気持ちになっているのかどうかを批判的にとらえさせようと，「最後はハッピーエンド？」や「よしふみくんも，本当にハッピーエンド？」と問いかけた。しかし，子どもたちは「最後にぼくの一言が，みんなの笑顔を生んだ」と書いてあるところを取り上げ，「全員が幸せになった」と答えた。

　この資料を読む限り，けいたとわたるが本当によしふみに対してあえて冷たい態度をとっ

66

ていたかどうかは判断できない。けいたとわたるの心の中までは見えてこない文脈となっている。そこで，よしふみに声をかける勇気が出なかったかもしれないけいたとわたるに「その気持ち，わかるよ。自分にだって，勇気を出して一言声をかけることができなかった経験があるよ」と共感したり，寛容な態度で寄り添ったりさせたいと考えた。そのため，よしふみに着目するよう，問いを「よしふみくんも，本当にハッピーエンド？」と切り替えた。よしふみの気持ちになり，よしふみが寂しい，悲しい気持ちになっている場面がなかったか考えていくことにした。

イ　展開場面

	A「来ないと，いやだよな」と聞こえたら，自分ならどう思うか考える。
T 14	「わたる」くんが言った「来ないと，いやだよな」って，ひょっとして「よしふみ」くんに聞こえていないかな？
S 15	たしかに！
S 16	近く通り過ぎているってあるから，聞こえているかもしれんね。
S 17	足音とかで，聞こえんかったかもしれんよ。
S 18	ひょっとして本人に聞こえていたらと思うと，ドキドキするけどね。
T 19	なんで，ドキドキするの？
S 20	だって，嫌な人と思われるよ。そんなこと言ったら。だから，聞こえていませんように，って心の中でお願いする。
T 21	もし，「よしふみ」くんに聞こえていたら？　自分が「よしふみ」くんだったら，どう思う？
S 22	ぼくだったら，「いや，逆にグループに入りにくいから」って思う。
S 23	私も，そうやって言った子がいるグループには入りにくい。入ったとしても，調べ活動に集中できない。
S 24	本当に，「ぼく（よしふみ）」と仲良くしたいのかなって思う。
S 25	強制されているみたいな……。むりやりグループに入れ，みたいな感じ。

〈考察〉

　ここでは，全員に「来ないと，いやだよな」という，わたるとけいたのやりとりがよしふみに聞こえていたかもしれないと考えさせることができた。また，「来ないと，いやだよな」というセリフが，ひょっとしたらよしふみをさらに傷つける発言かもしれないと，よしふみに寄り添った意見も出し合っていった。さらに，よしふみになったつもりで，「来ないと，いやだよな」を聞いてしまった場合，どんな気持ちになるか考えていった。すると，「逆にグループに入りにくい」や「（『来ないと，いやだよな』と）言ったグループには入りにく

い」，「ぼく（よしふみ）と仲良くしたいのかな」と，「来ないと，いやだよな」という一言が，いかによしふみによくない印象をもたせるかをとらえていくことができた。

	B「来ないと，嫌だよな」のあとの声のかけ方は？
T 26	「よしふみ！ 今日，いっしょに遊びに行かない？」と声をかけたみたいだけど，さっきの「来ないと，嫌だよな」が聞こえていたら，どんなことばをかけるといいかな。
S 27	一人ぼっちでいないで，ぼくたちと遊ぼうよ。
S 28	今日，一緒に遊べる？　……「よしふみ」に予定を聴くような感じで。
S 29	一人ぼっちでいないで，みんなで遊ぼうって誘う。自分たちだけでなく，みんなもいることを伝える。
S 30	そんなはじにいないで，遊ぼう。みんなのいる場所へ誘ってみる。
S 31	一人でいないで，遊ぼうかな。短く，はっきりと伝える。
S 32	「一人ぼっちで」とか「一人でいないで」と言うと，よけいに「よしふみ」が傷つくかも。
S 33	それ，わかる。
S 34	そんなに，わるくは思わないけどね。
S 35	グループの中には，入りにくくなるような気がする。自分だったら。

〈考察〉

　「来ないと，いやだよな」というセリフが，よしふみによくない印象をもたせていることを踏まえて，よしふみを遊びに誘うことばを考えていった。ここでキーワードとなったことばが，「一人でいないで」や「一人ぼっちで」，「そんなにはじにいないで」ということばである。これらのことばは，よしふみが意図して一人でいたり，はじにいたりするわけではないのに，よしふみの行為や意図を否定することばのようにもとらえることができる。そうだとしたら，よしふみを余計に追い込んでしまうかもしれないことばである。そのことに気づいた子どもが「一人ぼっちでとか一人でいないでと言うと，よけいによしふみが傷つくかも」と発言している。この発言に対して，「わかる」と共感したり，「グループの中には，入りにくくなる」とさらによしふみに立場で想像したりする子どももいた。この段階では，子どもたちにはよかれと思ってかけたことばにも，相手によくない印象を与えてしまう場合もあるととらえさせることができた。

	C　もしも，「よしふみ」が嫌がるようなことばがあるならば，どんなことばだろう。
T 36	じゃあ，自分自身も「よしふみ」くんになったつもりで，こんなことばをかけられたらいやだなぁっているのはあるかな？
S 37	来いよ，っていうことば。王様っぽい。
S 38	一緒に遊んであげてもいいよ。遊んでやってもいいぞ，って聞こえる。
S 39	両方とも上から目線！
T 40	何？　上から目線って。
S 41	さっきも○○くんが言ったけど，命令されている感じ。友達じゃない言い方。
S 42	「わたる」，「よしふみ」くんに声かけてこいよ。これは，ある意味「わたる」くんがかわいそう。「よしふみ」くんも命令されているってわかるから，遊びにくくなる。自分から言えばいいのに。

〈考察〉

　「一人でいないで」や「一人ぼっちで」，「そんなにはじにいないで」ということばに対して，「そんなに，わるくは思わないけどね」と考える子どもも数人いた。そこで，どんなことばだったら，よしふみが嫌がるのか話し合っていくことにした。多数派にいる自分の視点から考えるのではなく，一人ぼっちで過ごし，少数派であるよしふみの気持ちを理解しようとすることが目的である。ここで子どもたちから出てきたことばは「上から目線」である。「来いよ」は「一人ぼっちにいる子には，ありえないことば」という反応が多数であった。また，「一緒に遊んであげてもいいよ」という言い方は「優しそうにみえて，きつい言い方に感じる」という子もいた。どちらも，よしふみを対等な立場である友達ではなく，自分のほうが上にいるようによしふみに思わせてしまうことばであることが共有できた。この段階では，「そんなに，わるくは思わないけどね」ととらえていた子どもたちも，よしふみにとってよくないことばがけが存在すると理解することができた。

ウ　整理場面

	【中心発問】　同じいみなのに，なぜいやな気持ちになるの？
T 43	両方とも，一緒に遊ぶのをさそうことばだけど，なぜ，片方は嫌な気持ちになるの？
S 44	仲良くしようとするのがわかることばと，そうでないことばがある。例えば，「来いよ」からは，仲良くするつもりがあるのかどうか，自分だったら迷うと思う。
S 45	つけたしで，人がいい気持ちになることばと，ならないことばがあるということ。
S 46	詳しくいうと，いやなことばのあとの「よ」は命令や上から目線のことばにきこえる。「来いよ」とか，「遊んであげてもいいよ」とか。いいことばのあとの「よ」は，優しい感じがする。「遊ぼうよ」みたいに誘ってくれている感じ。

S 47	そう, プラスの「よ」と, マイナスの「よ」がある。
S 48	タイトルが「たった一言」じゃなくって,「たった一文字」ていうことだったと思う。
T 49	なるほど, それは面白い。「たった一文字」で, プラスとマイナスが入れ替わることがあるんだ。
S 50	言い方とかもあると思うけど, いいイメージのことばと, きついイメージのことばは変わる。
S 51	特に,「よしふみ」が,「わたる」の「来ないと, いやだよな」っていうセリフを聞いているかもしれないから, 慎重に。
T 52	聞いていたかもしれないから, 慎重に? 区別するの?
S 53	だって, 聞いていたらさ, 嫌な気持ちになりやすいっていうことでしょ。だから, いつも以上に嬉しくなるようなことばを考えるっていうこと。

〈考察〉

　「一緒に遊ぶのをさそうことば」には, 心からよしふみと仲良くなりたいということばと,「しょうがないから」誘うということばがあることをとらえることができた。今回の道徳教材では,「特に, よしふみが, わたるの「来ないと, いやだよな」っていうセリフを聞いているかもしれない」という可能性もあった。そのようなよしふみに最適なことばは何かを, アイデアを出し合っていくことができた。また,「そう, プラスの「よ」と, マイナスの「よ」がある」のように, よしふみの心理状態によって, よくとらえられる語尾があることにも気がつくことができた。関連して「タイトルが「たった一言」じゃなくって,「たった一文字」ていうことだったと思う」と,「たった一文字」で相手に与える印象が異なることばがあることも共有することができた。もちろん,「たった一言」のタイトルが, 勇気を出すことのよさを示しており,「たった一文字」が勇気を出すことのよさの趣旨から外れていることは承知の上である。しかし, 子どもたちの考えがここまで深め合っていくことできたのは, この道徳教材の力を感じた。

(4)　終わりに

　今回の授業で子どもたちが学んだことは,「たった一言」が相手を嬉しくさせたり, 嫌な気持ちにさせたりする場合があるということである。ある子どもは,「よという一文字でも, 嬉しくさせたり, 嫌な気持ちにさせたりすることがあるかもしれないから, よく考えて伝えたい」と振り返っていた。また,「自分ではそんなつもりないけど, 今日の学習で, ひょっとしたら上から目線のことばになっていないか心配になった」と振り返っていた子どももいた。これらの意識や態度は, 学校生活や日常生活でも「たった一言」に気をつけていこう, と汎用されていくものである。

　Android や siri といったスマートフォンに内蔵されている質問回答 AI は，言葉の意味を理解するのではなく，言葉に出てくる単語の組み合わせを統計的に処理している。質問回答 AI では，言葉から相手の気持ちを読み取ったり，言葉のウラを推し量ったりすることができないのである。言葉から相手の気持ちを読み取り，言葉のウラを推し量ったりするのは，現時点では人だからこそ，できる能力である。これらの能力が，人と人とのコミュニケーションや仲間作りを円滑に進めていく。

　今回の授業実践を行った第3学年の子どもたちは，自分の気持ちを素直に，率直に言葉に表現できる。ただ，大人に比べると，言葉の選択をあやまったり，言葉の選択肢が少なかったりする。そのことが，ときに子どもたちの人間関係がうまくいかない状態を生じさせることもある。このような時期だからこそ，今回の道徳の授業では，「たった一言」を，人間関係が円滑にいくように運用するという学びにしてほしいという期待を込めていた。冒頭でも述べたように，今回の授業で子どもたちの言葉がすべて変わることまでは期待していない。もし変わったならば，指導者のもつ言葉の「ものさし」に，子どもたちが合わせることを強いられているのかもしれない。それよりも重要なのが，子どもたち一人一人が，どんな言葉が適しているのかをその都度考えていくことである。どんな言葉が適しているかという意識や態度を，今回の学習の学びとしていきたい。

（広島大学附属小学校　服部　太）

平山勉のワンポイントアドバイス

　第１章の理論編を受けて，小学校実践の田中先生，百々先生，服部先生の実践から読者の皆さんと学びたい点をまとめてみます。

　今日，ICT，AI技術等の急速な進歩で，私たちの社会生活そのものも大きく変わっていきます。今学んでいる児童の過半数は，今はない職業に就くと言われています。そうした中で，学校の中の教師という仕事はどうなるでしょうか。児童・生徒が知識・技能を習得することは，タブレット活用学習，AIロボットの活躍等の比重が増えていくことも予想されますが，「集団での学びや生活を通して，人との関係づくりを学び，社会の構成員としての力量を高めていく」ことは，寧ろ学校での果たすべき役割が増大すると考えています。小学校は，朝の会からおわりの会まで基本担任がその大半を担うことから，道徳が果たすべき役割は非常に大きいです。

　田中実践は，学級づくりと密接に連携を取りながら，児童の成長を見守っていること，特に，役割演技を有効に取り入れることから，児童が「自分の問題として捉える」ことを引き出している点を学んで欲しいです。

　私自身が学部の学生だった頃，授業づくりの演習をしていて，教師は教材を活用してどのような手立てで児童・生徒を導いていくかという議論をしていた時に，当時の指導教員から「児童・生徒の中にある疑問や感じたこと」こそが「教材」であることを教わって，目から鱗が落ちる思いでした。その後，大学院で，自身の研究室の創始者である重松鷹泰氏が提唱した「良い授業」「良い教材」について（出典：重松鷹泰『わかる授業・わからせる授業』明治図書出版，1970年）「心に残る授業」とは子どもがする授業であり，重松の言う「よい授業」の条件を満たす「しみじみとする授業」なのです。子どもがする授業は子ども達だけで進められる授業ではあるけれども，子ども達だけでするというそれだけの理由で心に残るのではなく，「よい授業」の条件を満たすことでしみじみとする感慨が生まれ，子ども達や教師そして参観者の心に残るということで以下の３つの要素も具体的に提案されています。

　１）「教師その他の予想しないような疑問や意見が出される。」２）「子どもたちの助け合い協力が著しい。」３）「授業の途中か終わりか，どこかにしーんとする瞬間，静かな感動の瞬間，しみじみとした感慨がある。」です。私自身，三番目の「このしみじみとする」ということを授業づくりの追究テーマの一つにしていましたが，今回，共に授業づくりを追究する現場発の道徳授業実践には，共通の授業づくりがあります。

　児童・生徒の現状把握そして，獲得して欲しい目標分析に基づいた「中心発問」の設定で

す。

　私は，本書に収録された田中先生の授業を実際に研究の同僚と見守りました。元々，専門の数学をベースに算数の授業づくりを行ってきた田中先生が，児童との関係づくり，児童相互の関係作りを学級経営，道徳の授業を通して行っており，児童と教材と共に「しみじみとする」授業を模索していました。とても頼もしい実践です。

　百々実践は，杉原千畝の生き方を通した「先人教材」の授業実践ですが，その教材性や可能性とともに，道徳を含めて，授業者である教師の充分な教材研究がいかに大切であるか，そして，そうした教師の思い，願いが授業を通して児童にいかにプラスの影響を与えているかということを学びたいです。

　百々先生は，大学の授業内講師，研究会講師等で多くの学びのきっかけやその背後の教師の普段からの地道な教材研究の重要性をいつも話してくださり，ご自身も実現されています。実際の授業前に，いろいろな形式の模擬授業にも取り組み，改善を積み上げ，実際の授業に臨まれます。第1章の理論編でも中村浩二先生が道徳の授業化から教科の道徳化を唱えていますが，百々先生をはじめとしたこの第2章の授業実践からその意義を含めて学んでいただきたいです。

　服部実践は，「たった一言」の道徳教材を活用して，児童が学習している3年生から4年生頃に誰もが直面するまわりの児童との関係づくりへの手立て・契機等を，個々の児童に感じ取らせようとしている実践です。

　その後の大人に成長していくまでにある様々なハードルを乗り越えて欲しいという教師の見通しと，そこに向けての現在の児童の状況把握が授業実践の背景にあることを学び取って欲しいです。

　三先生のさらなる授業づくりに大いに期待しています。読者の皆様も授業づくりの楽しさ，ワクワク感，そしてしみじみとする授業をぜひ主体的に体験していただきたいです。

4 「参加する」授業（能動的授業）を目指す
——中学校1年「深幸ちゃんのこと」の実践を通して

(1) 授業者立案の想い

① 中学校の教師になって

　「教師としてやっていくなら，授業で勝負だよ」。初任者として弥富北中学校に赴任した頃，先輩教師に教えてもらった。そんなことは当たり前なのだが，現在教師5年目にして，やっとその本当の意味が分かってきたと思う。当時は，授業や生徒たちの反応を研究することが全然足りなくて，何度も失敗した。忙しさを理由に，道徳の授業を行事の練習時間に充てることもあった。「道徳の授業って何をやってもいいし，楽だな」くらいに思い，そんなことを繰り返していた。生徒に関する悩みも多かった。

　教師2年目になって，毎週ある道徳の授業をきちんとやってみようと思った。毎週あるから，1年間で35回，教材研究に時間をかけ，準備を万全に整えて，本気で道徳の授業を続けた。すると，道徳の授業をするたびに，学級経営がやり易くなっていくのを感じた。学級では，生徒たちだけで主体的な活動ができるようになり，合唱コンクールなどでは，優勝することが増えた。自分が担当する理科の授業でも，生徒たち同士がよく対話するようになり，以前よりも明らかに成績が伸びた。

② 道徳ってすごい！

　道徳の授業が上手くなると，学級経営が上手くなる。道徳の授業が上手くなると，教科の授業が上手くなる。道徳は，やればやるほど教師力が向上する。そんな魅力的な教科だと思った。事実，少しずつその手応えを感じている。

(2) 脱「受ける」授業！

① 「受ける」授業では，身に付かない力がある

　ここでの「受ける」授業というのは，いわゆる講義形式で，教師と生徒が「教える－学ぶ」といった一方向の関係にある授業（受動的学習）のことである。こういった受動的学習では，生徒の主体性を引き出すことは難しいだろう。生徒相互の関わり合い（対話）により，自分で考え他者から学ぶことを重ねていくことで，思考力や判断力・表現力等が身に付いていくのだと私は考えている。したがって，一方向の情報伝達だけの「受ける」授業は，生徒の主体性を引き出せず，思考力や判断力・表現力等を身に付けさせることが困難になるのではないかと考える。

②　授業は「受ける」のではない，「参加する」のだ！

　ここでの**「参加する」**授業というのは，生徒相互の関わり合い（対話）により，主体的に自分で考え他者から学ぶことを重ねていく授業（**能動的学習**）のことである。生徒主体，対話形式，協働形式の学び方で，いわゆる「アクティブラーニング」と言われているものである。

　「聞いたことは忘れる。見たことは覚える。やったことは分かる」という中国の言い伝えがある。聞いた話よりも実際に見たものの方がより印象に残り，見るだけだはなく体験したことには発見があり，理解を助けるということだ。

　また，ラーニングピラミッド[*1]という考え方がある。

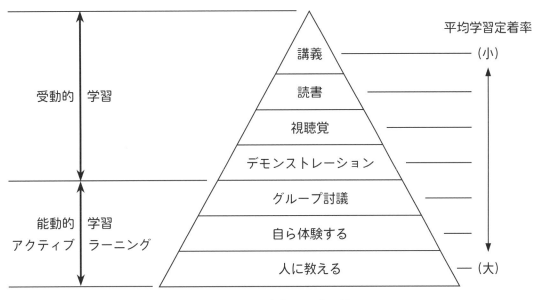

図1 ラーニングピラミッドの図

　これは，学習の方法と学習の定着度の関係を示したものである。学習の中で，生徒同士が関わり合ったり生徒自らが行う活動が増えたりするほど，学習定着度が高くなるという考え方である。これに関しての確かな実証実験があったわけではないが，先程の中国の言い伝え同様，ラーニングピラミッドの考え方が広まっている事実を見ると，「能動的な学習を増やすことで，学習の定着度が上がる」と感じている指導者が多いということではないだろうか。

　生徒の主体性を引き出し，対話しながら思考し，思考しながら対話するような「参加する」道徳の授業であれば，生徒の道徳性を高められるのではないかと考えた。その実現ために，「参加する」授業になるように，毎週，試行錯誤している。取り組んだ授業の一部を，具体

＊1…ラーニングピラミッドにおける平均学習定着率を，アメリカ国立訓練研究所は示しているが，実証的な根拠がないという指摘がある。また，世の中には，本を読んだり講義を聞いただけで記憶できる人もいれば，自分で何度やっても記憶できない人もいる。同じ人でもすぐ覚えることもあれば，何度やってもすぐ忘れてしまうこともある。ラーニングピラミッドには，こうした視点が欠けているという指摘もある。（108 ページ参照）

的な授業づくりとともに紹介する。

(3) 授業の実際

① 授業づくり
ア　教材について

　教材は、「深雪ちゃんのこと」（愛知県教育振興会）である。扱う内容項目は「相互理解,寛容」で、教材のあらすじは次の通りである。

```
━━━━━━━━━━━━━━━ あらすじ ━━━━━━━━━━━━━━━
```

　いとこの深雪ちゃんは、毎度のように新しいゲームを教えてくれたり、楽しい話題をもってきてくれたりする姉のような人である。校則で禁止されているパーマをかけ、「やりたいことも少しはやらなくちゃ」と言う深雪ちゃんに、主人公（あゆ）は羨ましさや憧れを感じていた。あゆは、深雪ちゃんのような服装や振る舞いをマネするが、自分が自分でないと感じ、同じ自分なのにどこか違っていると思い悩む。次第に人の目が気になって、友達に会って話しかけられるのが怖くなっていく。そして、小学校6年の担任の先生の言葉をきっかけに「私は私なりの生き方があるだろう」と気付いていく。

イ　ねらいについて

ねらい	自分と異なる個性を認めながらも、自分の考えを生かし、自分らしく生きていこうという気持ちを高める。

　ねらいを設定する際は、教材で迫れる価値観を見極め、どのような生徒を育てたいか（生徒にどのような力を付けさせたいか）という思いとリンクさせることが大切である。今回このようなねらいを設定した理由は、本学級の実態を意識した実践だからである。

〈学級の実態〉

　本学級は、男子15人、女子15人の30人学級である。うち、男子2人が特別支援学級からの交流である。外国籍の生徒も数人在籍している。比較的、緊張感の少ない学級で、生徒たちは伸び伸びと活気に満ちた生活や活動をしている。小学校では、話し合い活動、グループ活動を積極的に経験しており、アクティブラーニングには慣れている。

　本校では、QU調査を生徒理解や学級経営に活かす取り組みをしている。その結果、普段の生活からは感じることができないが、周りと行動がずれやすい生徒が多いことが分かった。また、そのような生徒に対して、他の生徒が冷たく関わりやすいようだ。特に、女子同士にその傾向が見られ、今後、女子のグループが対立する可能性があることが分かった。

※QU調査…心理学の手法を用いて行う学級の集団構造と生徒の学級への関わり方をとらえる意識調査のこと

　中学1年生の生徒は，心身ともに発達が著しく，ものの見方や考え方に違いが現れてくるとともに，個性がはっきりしてくる。本学級の生徒は，個性や置かれている立場が実に多様である。今後，それぞれの差異がさらに大きくなり，友人間で摩擦が生じることが大いに考えられる。そこで，自分らしさとは何かについて正しく理解するとともに，多様な個性を認め，それぞれの差異を尊重するという態度を育てたいと思い，このねらいを設定した。

ウ　発問について

（ア）発問とは

　道徳の授業づくりの核は，発問を考えることである。発問とは，教師が行う生徒への問いかけのことである。発問によって，生徒の思考や活動を促し，ねらいとする価値に迫る。発問一つで生徒は主体的になったり，対話が活性化したりする。

　道徳の授業の発問には，色々な種類があるが，次の三つが主な発問だと考えている。

その1　基本発問

　　教材に登場する人物同士の関係や，置かれている状況を把握するための発問。中心発問の助けとなる補助的な意味をもつ。

その2　中心発問

　　ねらいとする価値に迫るための発問。様々な価値観を引き出すことができるものが望ましい。

その3　補助発問

　　道徳性を深めるためにゆさぶり，生徒の思考に変化を起こしたり，対話を活性化させたりする切り返し・問い返しの発問。

（イ）中心発問のつくり方

本実践では，中心発問を以下のようにした。

「こんなときに会うなんて，ついてないな」と思ったのはなぜだろう。

　道徳の授業づくりは，まず中心発問を考えることから始めることが多い。様々な価値観を引き出すことができるのは，「主人公の心に一番変化があった場面」である。教材研究の際に，まずそこを教材の中から捉える必要がある。本実践では，主人公のあゆが，自分が自分でないと感じ，話しかけられるのが怖くなっていた時に友達に会う場面を，中心発問の場面として選んだ。

（ウ）中心発問から授業の流れを掴む

　中心発問を決めた後は，自分だったらどのような意見をもつか考えてみる。この作業をとても大切にしている。様々な価値観を引き出す発問であれば，生徒の主体性は引き出され，

対話は活性化する。生徒の立場になって考えてみることがとても重要だからだ。

　私が勤めている弥富北中学校では，いつもこの作業を気軽に何人かの教師と対話しながら行っている。教室で対話が行われるように，職員室でも対話が行われている。授業前に，多様な価値観に教師自身が触れることで，教材解釈が深まっていく。

　このような作業を行うと，この授業を中心発問のみで行うのか，主人公の心に変化が起きるまでの過程を確認する基本発問が必要か，予想される生徒の意見からどのような補助発問で切り返すかなど，他の発問を考えることにもつながり，授業全体の流れも掴めてくる。

（エ）教材解釈と発問

　今回の授業での教材解釈と発問の関係を図に表すと，次のようになる。

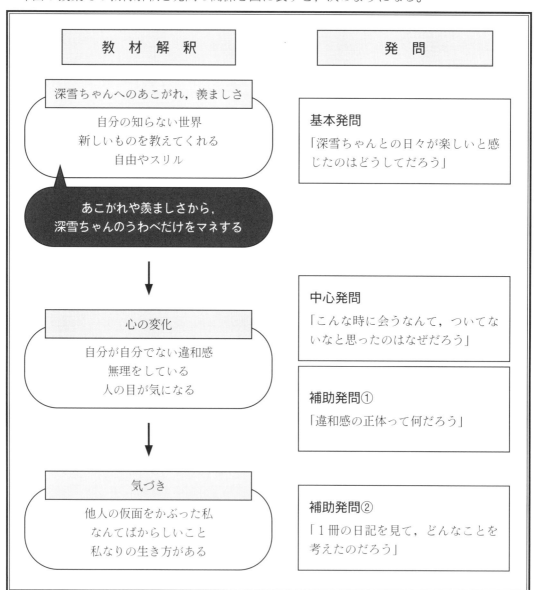

(4) 授業の記録

T…教師　SS…複数の生徒　S…生徒（数字は通し番号，一人の生徒の連続する発言は同じ番号）

T1	いつもの席になろうか。（机をコの字隊形に動かす）
T2	じゃあ，始めようか。
T3	（深雪の漢字を板書する）
SS4	しんせつ！　ふかゆき！　ふかせつ！
T5	みゆきって読みます。名前です。深雪ちゃんね。配ります。（教師…資料配布）
T6	（範読）
T7	あゆにとって，深雪ちゃんと過ごした時間はどんな時間？
SS8	楽しい。
T9	深雪ちゃんとの日々が楽しいと感じたのはなぜだろう？　周りで喋っていいよ。フリートークですよ。
SS10	（周りで対話をはじめる）
S11	楽しい日々は，すぐ終わったように感じるから。
S12	新しいゲームや新しい話をもってきてくれるから。
S13	自分が知らないことを教えてくれたから。
T14	あゆにとって深雪ちゃんはどんな存在？
S15	姉のような存在。
T16	（教材のイラストを黒板に掲示する）これは何している？
S17	まちを歩いている。白いサンダル履いて。
S18	爪を磨いて，香水かけてる。
T19	それって誰の影響？
SS20	深雪ちゃん。深雪ちゃんのまね。
T21	あゆが深雪ちゃんのまねをしてから何日かたって，（「こんなときに会うなんて，ついてないな」と板書する）あゆは誰に会ったの？
SS22	友達。
T23	友達に会ったときに「こんなときに会うなんて，ついてないな」って思ったのはどうして？　周りで喋ってみようか。
S24	（周りで対話をはじめる）

S25	変わった自分を見られたくないな〜って。
T26	変わった自分を見られたくないなって思ったことある？
S25	変わったことないかも…。
T27	なるほど。他には，どう？
S28	変わったって思われるの嫌だし，それで話しかけられたときに自分が嫌だと思うことを言われたくない。変わって，自分が満足してないときに声かけられるのが嫌だと思っているのに…ん？違うな。違う。
T29	いいよ。いいよ，落ち着いて。
S28	自分が満足していない服装なのに，その時に声かけられて，それでいつもの自分ではない自分を見られたくなかった。いや，おかしいな…。 満足してない自分を見られて，変なことを言われるのが嫌だった。自分が違和感をもっているときに。
T30	自分が違和感をもっている。誰に対して？
S28	自分が自分に違和感をもった状態の時に，変なことを言われるのが嫌だった。
T31	なるほど。他には，どう？
S32	前までは，深雪ちゃんみたいな自分をカッコイイとか思っていたけど，今はもうなんか違うなーとか思い始めてたから，友達に会うのがだんだん恥ずかしくなってきた。何やってんだろって感じ。
S33	今までとは違う自分に，自分に合っていないのに，友達に会ったら恥ずかしい。
T34	違うなーとか，自分が自分に違和感？　何が違和感？　違和感の正体って何だろう？
SS35	（周りで対話を始める。）
S36	服装が自分に合っていないこと。
T37	なるほど，他には，どう？
S38	無理に深雪ちゃんのまねをしていること。
S39	もともとあまり目立たなかったので，急に無理して派手にすると違和感。
T40	合っていないとか，無理しているのが違和感の正体ってことかな。
T41	（教材のイラストを黒板に掲示する）あゆは何を読んでる？
SS42	日記。
T43	一冊の日記を見て，あゆはどんなことを考えてる？
S44	自分の個性に合った，自分らしいふるまいがいいな。

S45	自分……，えっと自分を，自分に，自分で。違うな。 えっと，人のまねをしてないで，自分で自分を自分にしていこうってこと。
SS46	（少し間があり，おー！　という反応）
T47	今の意見に「おー！」って思った人？
SS48	（ほとんど手が挙がる）
T49	えっと，自分で自分を自分にしていくってどういう意味？
SS50	（周りで対話を始める。）
T51	どういう意味だと思う？
S52	えっと…。ん～…。（沈黙）
T53	OK。もう少し周りと喋っていいよ。
S54	違っている自分を，他人に言われるんじゃなくて，自分自身で本来の自分にもどすってことだと思います。
T55	なるほど，どう？
S56	ほぼ一緒です。
T57	こんな感じだなーって思う人？
SS58	（全員，手が挙がる。）
T59	じゃあ，今日の感想を書きましょうか。タイトルは自分で決めてね。

(5)　生徒の感想　（◇は生徒が自分で付けた題名）

◇　自分らしく，自分の色に

　私も「この人みたいになりたい。この人かっこいい。」そんな風に思うことはあっても，自分を変えずに「自分」をつらぬき通していこう！！　あゆちゃんを見て，そんな勇気が湧いてきました。

◇　「自分」を考える

　人のまねをして，自分をつくるより，自分で自分にしていけばいいと思った。たとえば，他の人のアイディアをパクッてみんなに褒められても，嬉しくないという感じ。

◇　自分らしさ

　人のまねをしていたら，まねをした人らしく生きていかないといけない。自分らしく生きるなら，自分のままでいられる。人をまねたら，自分らしさを見失う。無理して合わせなくても，自分は自分のままでいいってことが分かりました。

◇　自分を大切に

人のことも大切だけど，自分らしくを大切にした方がいいと思った。やっぱり，自分は自分，人は人を大切にした方がいいと思った。

◇　新しい自分に

人に何か言われて嫌がるのではなく，自分を自分で変えて嫌がったほうが自分の成長につながるということを学びました。僕も，人に何か言われて嫌なことがあるので，「自分らしく」ということを忘れずにこれからは過ごしたいです。

◇　自分らしく

今日思ったことは，人のマネをしてもその人みたいにはなれないし，自分らしくもならないっていうこと。今日授業で本当にそれだと思ったのは，「自分で自分を自分にしていこう」ってことです。人のマネじゃなく，どこかアレンジしたり，自分の個性（自分らしく，自分の判断つらぬく）を大事にしていこうって思いました。

◇　似ているなぁー

僕は，ファッションとかまったく気にしないから，どれがカッコイイか分かんないけど，4年生の時に好きな漫画があって，その服装を買ったけど自分らしくないと思った時があって，あゆに似ていると思った。

◇　過去の自分と今の自分

あゆは深雪のファッションなどにあこがれてマネっこをしてみたけど，後に自分ではないことに気づいて，いじめやぶりっ子など言われることが増えていった。この事は私にもよくあって，こんなはずではなかったとかがあって，自分のことを自分ではないと思った時には遅いと感じました。だから，人を見てマネすることもだめなときと，良いときがあるから，マネしないようにしようと思いました。

◇　自分らしく

人のまねをすることは悪いことではないけど，自分は自分らしく人に左右されずに生きていった方がいいなと思った。「自分の本当の姿を見せた方がいいのかな？」と思った。

◇　個性あふれる自分

人は自分だけの個性をもって，それをまねして人の個性をとるんじゃなくて，自分は自分だけの個性を胸張ってもつことが大切だと思いました。その人の似合う個性は誰でも自分がもっていることを知っていてほしい。

◇　判断力

今日の授業で，判断力の大切さを学んだ。自分らしくあるためには，その前に正しい判断が必要。判断を間違えず，自分らしい自分を自分でつくっていこうと思う。

◇　「自分らしい」とは

私も「深雪ちゃんのこと」みたいに，カッコイイなあと思ってマネしてみても，「あれっ？なんか違うなあ」と思うことがありました。このお話を読んで改めて他の人にとらわれず，

自分は自分なりの色を出せばいいんだと思いました。

(6)　授業の振り返り

　本実践の成果を検証するために，4項目について，星五つで自己評価した。また，それぞれの項目における課題を挙げた。

①　ねらいの達成…★★★

　ねらいは76ページにある通り，「自分と異なる個性を認めながらも，自分の考えを生かし，自分らしく生きていこうという気持ちを高める」であった。

　生徒の感想の大部分が，自分らしく生きていくことの価値について書かれていた。このことから，「自分の考えを生かし，自分らしく生きていこうという気持ちを高める」というねらいは概ね達成できたであろう。しかし，「自分と異なる個性を認めながらも」という価値に気付いた生徒は少なかった。

　あゆは深雪ちゃんらしさという仮面をかぶったため，自分自身に違和感を覚えてしまった。あゆにとって，深雪ちゃんらしさというのは必要のないものであった。しかし，それは，深雪ちゃんにとっては大切な個性なのである。そこに気付くことが，ねらいにもう一歩近づく鍵だった。

　そのためには，補助発問「違和感の正体って何だろう」について，もっと掘り下げるべきであった。違和感の正体は，深雪ちゃんらしさを無理してマネしたことである。そこからさらに，「深雪ちゃんらしさって必要のないものだろうか」と切り返すことができれば，ねらいに近づけたのではないかと考える。

② 　主体性…★★★★★

　生徒が発言している間，学級全体が傾聴し，発言に対してはうなずいたり，つぶやいたりする生徒が多く見られた。また，生徒の感想を見ると，「自分と似ているなあ〜」「自分にも同じ経験があって…」などと自分の経験を書いている生徒が多かった。「深雪ちゃんのこと」の教材を自分事として捉えていたと思う。

③ 　対話…★★★★

　中心発問と補助発問では，非常に活発に対話していた。特に，対話が活性化したのは，「自分で自分を自分にしていこう」という発言があった時である（授業記録S45）。この発言の後に，少し間があり，「おおー！」「ああ，分かる分かる！」「ああ，そういうことね！」などのつぶやきがあった。「どういう意味？」と生徒たちに戻すと，周りで活発に対話をし始めた。この後すぐに，生徒に「どういう意味だと思う？」と聞いた（授業記録T51）が，そのタイミングが早かったために，対話を止めてしまったように感じた。発問一つが対話を左右することを改めて痛感した。

　全体的に級友の発言から自分の考えや思いをつぶやく生徒がいたり，「ああ，そういうこ

とね！」と新たな考えをもつ生徒がいたりするなど，対話しながら思考する（自分の考えを更新する）様子が多く見られた。

　また，発言するうちに，自分の発言の内容を変えていく生徒もいた（授業記録S28）。この生徒は，自分自身と対話しながら思考（自分の考えを更新する）し，発言していたと考えられる。

④　道徳性の高まり…★★★

　生徒の感想を見ると，価値がさらに深まる可能性のある言葉があったが，授業中にそれを拾えなかった。拾えなかった言葉は次の二つであった。

　一つ目は，「自分をつらぬき通していこう！！　あゆちゃんを見て，そんな勇気が湧いてきました」という言葉である。「自分らしくいるのは，勇気がいること？」と切り返すことができれば，自分らしさについてさらに深まりがあったと思う。

　二つ目は，「自分らしくあるためには，その前に正しい判断が必要」という言葉である。「正しい判断をしてこその自分らしさってこと？どういうことだろうか」と切り返すことができれば，「自分らしくいるための前提条件」について生徒が考えることができただろう。

　感想を読んで初めて生徒がこのような考えをもっていることに気付いたが，生徒たちは授業中につぶやいていたかもしれない。拾えていれば，さらなる道徳性の高まりが期待できただろう。

(7) おわりに

①　失敗談

　私はこれまでに，道徳の授業で数々の失敗をしてきた。正直に言って，「上手くいった！」と思えた道徳の授業は，今までにない。「この発問は違ったな」「ねらいを達成できなかったな」などと思う日々である。そんな中で，教師1年目の時にした非常に残念な失敗を二つ紹介する。

●　「この授業，やってもやらなくても同じじゃないか！」

　授業で道徳性を高めることができなかった。原因は明白。教材解釈をやっていなくて，道徳性が高まる発問を考えられなかった。授業をやる前の生徒にねらいとするテーマに関する感想を書かせていたとしても，授業をやった後と同じ感想を書いただろう。それ以後，この発問でこの生徒たちならどうするのか，授業をやった後にはどうなっているのかを考えるようになった。

●　「発問多過ぎ！ねらいズレまくり！」

　発問を絞れず，不必要な基本発問や，補助発問を生徒にしていた。発問のせいで，ねらいとは別の方向へ話が拡散し，収束することなく授業が終わることがしばしばあった。また，私が生徒の話を聞く力がなくて，生徒の発言をとにかく拾い続けていた。生徒は，その場で

の思い付きや本音ではない建て前で発言することも少なくない。そのため，ねらいとする価値からズレが生じてくる時もある。そうしたタイミングを捉えられず，ねらいとする価値を把握させることができなかった。

② 「参加する」授業で生徒の思考力を磨く！

　道徳の授業の目的となるのは，「主体的に対話すること」ではなくて，「主体的に対話しながら思考すること」である。

　また，新学習指導要領でも「思考力」を生徒に身に付けさせることが求められている。私は，「思考する力を身に付ける」ために，「主体的に対話すること」が効果的であると解釈している。生徒が最も思考できるのは，はじめにも述べた通り「参加する」授業であり，それを実現するために現段階で必要だと思うことを，ここに全て記した。

　発問で「考えたい！　伝えたい！　聴きたい！」という主体性が引き出されると，自然と対話が始まる。対話しながら自分の考えが更新される。すると，生徒は「考えたい！　伝えたい！　聴きたい！」とまた思う。そんな循環のある「参加する」授業になると素敵だなと思う。

　何より「参加する」授業は，楽しい。授業をやっている側の教師も楽しい！　人は楽しいと感じる信頼に満ちた自由な空間の中で，最も多くのことを気付き学ぶと言われている。「参加する」授業は，生徒にとっても，教師にとっても学びの多い，幸せな授業なのではないだろうか。

（弥富市立弥富北中学校　濱田蒼太）

生徒理解に基づく「対話」を通して 道徳性を高める授業を目指す
——中学校2年「泣いた赤鬼」の実践を通して

(1) 授業者立案の想い

本校（愛知県東海市立加木屋中学校）の経営方針は，以下の通りである。

> **どの生徒も「より善くなりたい」と願っている。**この理念に基づき，生徒の主体的判断を尊重しつつ，徳・知・体の調和のとれた人間形成をめざす。
>
> ア　自らの生き方について考えを深め豊かな心を育む（徳）
>
> イ　自らの人生を切り拓くための資質・能力を育む　（知）
>
> ウ　たくましく生きるための健康・体力を育む　　　（体）
>
> 〔平成30年度　東海市立加木屋中学校　学校経営案より引用〕

ここには，道徳の時間を要とし，3年間で徳・知・体の調和のとれた人間形成を目指すことが示さされている。そのような位置付けの中で行われている週1回の道徳の授業に，1年間，担任と生徒が本気で向き合い，取り組んだ実践を紹介する。

(2) 生徒の理解

本実践では，「授業を通して，一人の生徒をどのように見るか」に焦点を当て，「授業を通した生徒理解を目指した授業づくり」をした。前田治氏（2015）[*1]は，「道徳教育とは，子どもを善くしようとする働きである」と述べ，「特別の教科　道徳」の目標には，全ての生徒に「よりよく生きるための基盤となる道徳性を養う」とある（文部科学省中学校学習指導要領）。その中で養うべき道徳性を，前田治氏は「善さ」としている。

以上のことから，道徳の授業を通して，子どもの道徳性を高め，子どもを善くしようとする働きの中で，生徒が善くなる過程をどのように見取るのかを，生徒理解と位置づけている。つまり，道徳の授業を通して教師が生徒を理解しようとする姿勢こそが，生徒の道徳的価値を深め，実践することができるような内面的資質を育むことができると言える。

(3) 道徳性を高めるための授業

新学習指導要領によれば，道徳性を高めるための学習方法は次の2点だと考えられる。

この学習方法を進めていく上で，中村浩二氏は，「**対話**」の重要性を説いている。（※本書

＊1…1　前田治氏…愛知学泉大学教授（2017～），前愛知県東海市立加木屋中学校長（2013～2016）

第1章第3節参照）本実践でも，「対話」を通して，道徳の目標の達成を目指した。

「対話」には，「**級友との対話**」「**資料（教材）との対話**（特に主人公との対話）」「**自分自身との対話**」がある。特に道徳の授業は，級友との話し合い，つまり相手の考えを受け止めたり，受け入れたりして，自分自身の考えに更新が生まれる「**対話**」でなければならない。

そこで，「自分自身の考えに**更新**が生まれる対話」をする授業を目指して，以下の2点に重点を置いた授業づくりを行った。

① 中心発問

・自己を見つめること（自分のこととして，自分との関わりで考える）
・多面的・多角的に考えること（広い視野から考える）

② 学習形態

これら2点について，本実践の具体的な内容と絡めて述べる。

(4) 授業の実際

① 教材について

使用する教材は，「泣いた赤鬼」（愛知県教育振興会）とした。内容項目は「友情，信頼」である。教材のあらすじは，以下のとおりである。

あらすじ

赤鬼は，人間と仲良くなりたいと思っていた。そこで，友達の青鬼がある策を提案した。それは，「青鬼が人間の村へ出かけて大暴れをする。そこへ赤鬼が出てきて，青鬼をこらしめる。そうすれば人間たちにも赤鬼がやさしい鬼だということがわかるだろう」という内容であった。しかし，これでは青鬼に申し訳ないと思う赤鬼を，青鬼は強引に人間の住む村へ連れて行った。作戦は成功し，おかげで赤鬼は人間と仲良くなる。しかしその後，青鬼は赤鬼の前に姿を見せなかった。赤鬼は心配になり，青鬼の家に行った。そこには青鬼から赤鬼にあてた置き手紙あった。その内容は，「赤鬼が人間たちと仲良くして，楽しく暮らしてほしいということ」「赤鬼が青鬼と付き合っていると，赤鬼も悪い鬼だと思われるかもしれないので，旅に出て姿をみせないということ」最後に，「いつまでも友達であるということ」が書かれていた。赤鬼は黙ってそれを2度も3度も読み上げ，涙を流した。

② ねらいについて

この授業のねらいを，以下のように設定した。

ねらい　　青鬼の行動を通して「友情」の意味を深く考え，「信頼」できる友達を積極的につくろうとする意欲が持てる授業とする。

このようなねらいとしたのは，本学級の生徒Aの存在を意識した実践だからである。

【生徒Aとは？】

　生徒Aは4月当初，自分に自信はないが，前に出よう（目立とう）という様子であった。しかし，自分に自信がない分，学級のために自ら行動することができなかったり，特定の人にしか声をかけなかったりしていた。これらの行動から，生徒Aには，友達との信頼関係を上手く築けないという印象があった。しかし生徒Aは，約1年間（2月に行った実践のため）学級で過ごす中で，周りの生徒（友達）のおかげで変わることができてきている。体育祭で応援団の団長をした時には，一人ではなかなか覚えきらなかった振り付けを，団員に教えてもらった。しかし，その振り付けをクラスに披露する時には，「Aが一番上手だから，みんなAに聞いたらいいぞ！」と振り付けを教えていた団員が説明をしていた。そこから，周りの友達が生徒Aを認め，その思い感じ，生徒Aの行動も変わってきた。生徒Aが少しずつ友達を信頼し，自分に自信を持って多くの人と関われるようになったのは，間違いなく友達のおかげであった。

　このような生徒Aをはじめ，本学級の生徒に「友達」の意味をより深く考えてほしいという願いを持って，本実践に取り組んだ。

③　中心発問

　中心発問を考える上で最も重要なのは，教材解釈（資料を読む）である。また，教材解釈をする上で，教師は内容項目に定義づけ及び意味づけをする必要がある。

　前述したように，「泣いた赤鬼」の内容項目は「友情，信頼」である。学習指導要領には，内容項目の指導の観点が次のように示されている。

表1　内容項目の指導の観点

学年	指導の観点
小学校第1学年及び第2学年	友達と仲良くし，助け合うこと
小学校第3学年及び第4学年	友達と互いに理解し，信頼し，助け合うこと
小学校第5学年及び第6学年	友達と互いに信頼し，学び合って友情を深め，異性についても理解しながら，人間関係を築いていく
中学校	友情の尊さを理解して**心から信頼できる友達**をもち，互いに励まし合い，高め合うとともに，異性についての理解を深め，悩みや葛藤も経験しながら人間関係を深めていくこと

〔中学校学習指導要領（平成29年告示）解説　特別の教科　道徳編より引用〕

　これまで愛知県の学校でよく使われてきた副読本では，「泣いた赤鬼」は小学校4年生の教材として取り上げられている。4年生の指導の観点は「友達と互いに理解し，信頼し，助

け合うこと。」とある。この時期の児童は，自分の利害によって，友達と仲良くすることも少なくない。そんな児童に対して，「友達のよさ」を実感させることや「友達を助けることの大切さ」を考えさせることをねらいとしている。そのため，小学校中学年では「青鬼の手紙を読んだ赤鬼の涙の意味」を中心発問とすることが多い。

　中学校の指導の観点には「心から信頼できる友達をもち（※表１中学校下線部分）」とある。そもそも「心から信頼する」というのが，人として，どのような心情でどのような行為が表れるのかを教師側がもっていなければ，中学生のように考えや経験が多様な生徒の意見（考え方）を理解することはできない。

　横山利弘氏[*2]は，「心から信頼できる友達」及び「信頼」を，以下のように定義づけている。

> 　「心から信頼できる友達をもち」とは，信頼できそうな人間だけを友達にするということではなく，積極的に友人関係を，つまり信頼できる人間関係を形成していこうと解する必要があります。信頼できる友を得るためには，自分が相手にとって信頼に足る人間になろうとすることが必要であることに気づかせる指導が必要です。さらに，信用は「相手の能力を信じること」，信頼は「相手の人間そのものを信じること」とし，信用は「相手に対する安全弁」があるが，信頼は「人間性に対する賭け」であります。

　これは一例であるものの，学習指導要領で示させる指導の観点に加え，授業者がどのように内容項目の定義づけ及び意味づけをするかが，教材解釈をする上で重要となる。そして，内容項目の解釈及び定義付けを踏まえて，生徒が「友情」について立ち止まって（改めて）考えられるように，教師が教材を読み，中心発問を考える必要があるのではないか。

　以上のことから，本実践では，青鬼を視点として，**中心発問を「青鬼はいい友達？」**とした。また，中心発問での話し合いの時間を十分確保するために，授業での発問は，①資料の感想を聞く，②中心発問「青鬼はいい友達？」，③価値の自覚の発問「友達とは？」の三つに絞った。

④　学習形態

　道徳科の授業における学習形態の工夫の一つに，**「コの字型」の座席**がある。「コの字型」座席とは，図２のような形に座席を配置して授業を行うことで，「対話」する時に，語る生徒は他の生徒に向かって自分の考えを届けようと意識するようになり，また，他の反応を感じやすい。さらに，「対話」の重

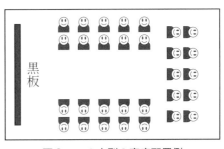

図２　コの字型の座席配置例

＊2…横山利弘氏…元文部省教科調査官（道徳担当）(1992 ～ 1995)，元関西学院大学教授(1997 ～ 2011)

複や交差ができることにメリットがある。本学級では，4月から「コの字型」で道徳の授業を実践してきた。本実践ではさらに発展させ，机を使用せず，「円型座席」で授業を行った（写真1）。この「円型座席」は，「フルーツバスケット型座席」と命名し，活用している。さらに，教師もその「円型」の中に入り，生徒とともに「対話」するために，板書は行わなかった。

写真1　フルーツバスケット型座席での授業

(5) 授業記録

授業記録　T…教師　S…生徒　A…抽出生徒（前述した生徒A）

①　導入～資料の感想

　導入は，資料が鬼の内容だったことと，実践が2月だったこともあり，節分の話題で行った。「資料への方向付け」として行ったため，短い時間で行い，直ぐに資料の範読をした。範読後は，資料を読んだ感想を生徒に聞いた。感想は，赤鬼を視点したものから青鬼を視点にしたものへと変化していった。

T1	始めます。円陣。
T2	道徳とは？
A3	そうですね，人生勉強です。
T4	2月3日と言えば？
A5	節分。
T6	豆まきした？
A7	うん。
T8	何を追い出した？
A9	俺自身。俺の敵は俺。自分の弱いところを追い出したい。
S10	ただ，豆を投げました。鬼は，父親です。
T11	今日は，鬼についての話です。「泣いた赤鬼」です。
SS12	（生徒多数…知ってる，知ってる）
T13	資料を配ろうと思うけど，緊張して60枚も印刷しちゃった。もらった人から読んでもらっていいから。

SS14	(生徒…笑い)
T15	(範読) 読んだ後，感想聞くからね。
T16	(範読後) どうでしたか？
S17	もし，自分が赤鬼の立場だったら，青鬼に申し訳ない。
S17	自分を思ってやってくれたけど，たぶん，青鬼は傷ついたと思うから。
S18	青鬼がかわいそう。
S18	赤鬼のために自分を犠牲にして……，何というんですかね……，自分を犠牲にして友達のことを思う青鬼は優しい。
S19	赤鬼がかわいそう。
S19	自分（青鬼）だけが，いい気になっている。
S20	赤鬼と青鬼はたぶん友達。青鬼が悪い人だと思われているから，赤鬼もかわいそうだし，青鬼もかわいそう。
S20	旅に出なければいけなかったから，青鬼もかわいそう。
S21	青鬼の計画が分かっているんだったら，済まないと思うんだったら，青鬼の計画に赤鬼は抵抗しなきゃいけないのに……。だから青鬼がかわいそう。
S22	青鬼は自分勝手。
S22	う～ん，でも，鬼ということで，一番悪いのは人間，鬼は人間です。
T23	というわけで，今日の授業は終わりです。
SS24	(生徒…笑い)

②－１　中心発問　「青鬼はいい友達？」

　ここで意識したことは，生徒との対話の中で．発問をしていくということである。前述した生徒の感想の内容が，赤鬼から青鬼へと視点が移った時に，中心発問「青鬼はいい友達？」をすることで，生徒は対話と思考を途切れさせることなく，青鬼の視点から「友達」について考えることができていた。

T25	では，青鬼はいい友達ですか？
A26	分からないです。迷ってます。
T27	何に？どう迷ってる？
A28	青鬼は，赤鬼のためにやったが，本当は分からない。赤鬼は心残りがある……。
T29	Aの意見についてどう思う？

S30	お互いがお互いを思ってやったんだから，いい友達。
A31	まだ，迷っている。
S32	僕も分かりません。それは，青鬼が悪さをして，旅に出ていくことを赤鬼は，その結末が分かっている。青鬼は，別の理由があって，村を出たいから……，赤鬼を使ってやれ……，何か他に裏があるのかと思った……，赤鬼を利用した。
T33	じゃあいい友達じゃない？
S34	ちょっと感じた。
S34	何も言わずに出ていくなんて，いい友達じゃない。
S35	本当の友達なら，先のことも考えて……，悲しくなるなら……。
S36	よく分かりません。
T37	どこが？
S38	青鬼が無理やり引っ張って，赤鬼が望んでいたことと違う。
T39	青鬼はいい友達？
S40	分かりません。
S41	いい友達です。自分が悪いと思われても，赤鬼のためを思ってやったことなので，いい友達。
S42	赤鬼が人間と仲良くするためにやってあげたことなので，いい友達。
A43	先生，少し話を変えてもいいですか？　この言葉知っています？「何かを得ようとしたものは，何かを失う」

②－2　中心発問　「青鬼はいい友達？」

　抽出生徒（生徒A）が，「少し話を変えてもいいですか？」と質問をしてきた。生徒Aの性格上,「青鬼はいい友達？」に対して考えることを止めようとしている様子が伝わってきた。そこで，すかさず切り返しをし，同じ発問をした。すると，生徒Aの「なんか，引っかかる。」という言葉から，生徒は中心発問について，さらに深く考えることができた。

T44	すごいな。ていうことは，青鬼はいい友達？
A45	どっちでもない。いい友達なのか？なんか，ひっかかる。…何かかが見つかっていない。
T46	Aの「何か」を見つけてくれる人いる？
S47	いい友達だと思う。一人のために何か考えて行動に移す。たくさんの人ではなく，たった一匹の鬼に利益を与えているから。

T48	犠牲を払えば友達なの?
S47	難しいです。僕にはまだ早いです。
S49	あんまり，いい友達じゃないかって思う。青鬼は赤鬼のために，自分が損する。青鬼が旅に出た。その間に何も出来ないから，赤鬼からは，青鬼のために何もやってあげてない。
T50	そこに引っかかってるの?
A51	はい。
S52	犠牲を払えるのは，その人に，<u>信頼をもってなきゃできなかったから</u>，いい友達。
S53	例えば，通りすがりの人にナイフで刺されてしまう。その時に身代わり守ってあげられるぐらい仲がいいと<u>信頼できる</u>。
S54	いい友達だと思うけど，それはよくなった。関わり過ぎた。いい友達でも<u>一線は引いてほしい</u>。そこまでしなくても，一緒に何かを考えるならよかった。
T55	こんなやり方は，いい友達?
S56	やり過ぎかな?　友達だけど，自分もやってあげるというのもあった。
T57	うん，うん。
S58	意見が似ているけど，悪い友達じゃないけど，もっと他のやり方もあったと思う。赤鬼の意見を聞いていない。青鬼自身の満足感のような気もする。
T59	青鬼の満足じゃないってことか。(ずっと悩んでいるA)
A60	えっと，二度も三度も泣いたと書いてある。赤鬼も後悔しているから，いい友達じゃない。

③　価値の自覚の発問　「友達とは?」

　泣いた赤鬼の資料，特に青鬼の視点で「友達」について考えた生徒が，立ち止まって「友達」について考えるために，「(いい) 友達とは?」と発問をした。ここで，本時のねらいに迫る発言が多く出た。

T61	いい友達って，どんな友達?
S62	お互いのことを考えて，自分のことより先に相手のことを考える。
S63	赤鬼は，人と仲良くなりたくて，そのためにヒーローになる必要があった。(青鬼が) 悪い役を引き受けたのは，いい関係だったからこそ，青鬼は赤鬼のために，その役をやった。赤鬼の思いを実現させたいと願う，<u>信用し合える鬼同士がいい友達</u>。
S47	いい友達だと思う。一人のために何か考えて行動に移す。たくさんの人ではなく，たった一匹の鬼に利益を与えているから。

T48	犠牲を払えば友達なの？
S22	相手のことをすべて受け止めて違うことは違うといえる関係。
S23	居心地がいいと，いい友達だと思う。
T64	居心地がよかったら，いい友達？
S65	そうじゃないですか。互いに分かり合ってあげる。
T66	互いに分かり合うってどういうこと？
S65	嫌なことがあっても雰囲気で察してあげる。
S66	仲かいいから察することができる。そんな友達ができたらいい。
S66	お互い理解し合う，辛いことがあったら聞いてくれる，自分のことを理解してくれる。
S67	言いたいことをはっきり聞いてくれて，お願いしたら，しっかり聞いてくれる。
T68	悪いことだったら？
S69	しっかりした人です。
T70	しっかりした人がいれば？
A71	全部さらけ出せる。隠しごとせず，心からさらけ出せる。隠しごとはＮＧ。
T72	一方の友達がさらけ出すでもいいの？
A73	ダメです。
T74	S54は，「全部さらけ出さなくてもいいよ」って言ってたよ。
A75	え〜っと，さらけ出さなくてもいいけれど，気を使わなくていいなら，友達。
T76	全員聞きたかったけど，いい友達って難しいよね。何がいいのかなんて難しくない？先生もね，なんかね，全然関係ないけど，結婚式の席次表に新郎の友人って書いてあるんだけど，この友達ってみんなが言ってくれたことが友人っていうことなんだなと思って。Aが言った「心からさらけだせる」って，言いたいことを言うんじゃないよね。心をさらけ出すという，こういう関係かな。相手のことを考える，信頼すること，犠牲を払うこと……，その人のためにやろうと思うことかな。
T77	では，最後に「友達って何だろう？」の感想を書いてください。

〔※下線は，本時のねらいに迫る発言〕

(6) 本実践の振り返り

① 生徒Aの意見

　本実践における生徒Aの発言とそれに関係する教師の発問を拾い出してみる。

　生徒Aの最後の発言の「さらけ出さなくてもいいけれど，気を使わなくていいなら」

〔A3〕　　　そうですね，人生勉強です。

〔A5〕　　　節分。

〔A7〕　　　うん。

〔A9〕　　　俺自身。俺の敵は俺……。自分の弱いところを追い出したい。

〔A26〕　　分からないです。迷ってます。

〔A28〕　　青鬼は，赤鬼のためにやったが，本当は分からない。赤鬼は心残りがある……。

〔A31〕　　まだ，迷っている。

〔A43〕　　先生，少し話を変えてもいいですか？　この言葉知っています？　何かを得よう
　　　　　　としたものは，何かを失う。

〔A45〕　　どっちでもない。いい友達なのか？　なんか，ひっかかる。……何かかが見つ
　　　　　　かっていない。

〔T50〕　　そこに引っかかってるの？

〔A51〕　　はい

〔A60〕　　えっと，二度も三度も泣いたと書いてある。赤鬼も後悔しているから，いい友達
　　　　　　じゃない。

〔A71〕　　全部さらけ出せる，隠しごとせず，心からさらけ出せる。隠しごとはNG。

〔A73〕　　ダメです。

〔A75〕　　え～っと，さらけ出さなくてもいいけれど，気を使わなくていいなら，友達。

生徒Aの発言と教師の発問

からは，１時間の授業を通して，生徒Aの変容が見て取れる。S53やS65～S67の考え方
に触れてきたからこその発言ではないかと考える。本実践を通して，生徒Aは，考えていた
（思い描いていた）「友達とは？」を，立ち止まって考えることができたのではないだろうか。

② 　生徒の感想　…《　》は，生徒が感想につけた題名

○　私は，赤鬼と青鬼はいい友達じゃなかったと思います。お互いのことを思い合えていな
　かったと思います。青鬼は，もう少し先のことを考えて，赤鬼は今できることを考えられ
　ていなかったから，２人の気持ちはすれ違って，離れることになってしまったんだと思い
　ます。私は，友達ともめることはないけど，嫌だなと思うことはあります。言ってはいけ
　なかったなと思うこともあります。これからは，相手の気持ちを考えて友達と話をしたい
　です。そうしたら，赤鬼と青鬼のように，２人とも辛い思いをすることなんてなくなると
　思いました。

○　いい友達って何でしょうか？　楽しく遊べる人でしょうか？自分は，それを含めて良い
　友達とは「個性」を分かってくれる人。分かり合える人だと思います。人には，個性とい
　うものがあります。それは，時に楽しさ，うれしさを生み，悲しさ，苦しさを生みます。

でも，それは仕方がないことです。だから自分は，いくらうるさくても，いくらめんどく
さくても，自分の個性を受け止め，理解してくれる人が本当の良い友達だと思います。そ
うすれば，たくさんの出会いの中で，自分の個性を成長させることも出来るからです。信
じ合える友達，笑い合える友達も大切です。

○　自分が今日「泣いた赤鬼」という話を聞いて，自分は青鬼はとてもいいやつだけど，赤
鬼に手紙だけ置いていくのはダメかなと思いました。理由は，青鬼は赤鬼のために村へ
行って，大暴れをしていたけど，赤鬼はすまないと思っているのに，赤鬼を無理に引っ
張りだしてでも，村に行っていたので，そこはダメかなぁと思いました。赤鬼は，赤鬼
でだめだったと思いました。計画が成功した後に，会いにいけば良かったのにと思いまし
た。いい友達は，思ったことや思っていることを素直に言える人のことだと思います。

○　初めてこんなに深く友達について考えました。先生が友達は「誰かのために何かしたい。
と思えること」と言った時，私はこのクラスであったことを思い出しました。体育祭の全
員リレーでは，優勝するために，1人でも抜かして，みんなのためになりたい！　と思っ
たり，大縄では1回でも多く跳ぶために，絶対跳ぶぞ！　と思ったり，合唱コンでは，こ
れまで応援してくれた先生のためにも金賞とろう！　ってみんなで言い合ったり，その時
その時に，みんなで全力を出して，みんながみんなのために頑張っていた様子がとても
はっきりと頭に浮かびました。こんなに，みんながみんなを思い合えるクラスになれて，
よかったなと思いました。

○　いい友達を考えるのは，難しいと思いました。僕は，いい友達は自然とできていくよう
な気がしました。理由は「いい友達になろう」とか，相手には言わないので自然にできて
いくと思いました。赤鬼と青鬼がもし本当にいい友達だったなら，どちらかが後悔するよ
うな決断はしなかったと思うので，最高ないい友達ではなかったんじゃないかなと，思い
ました。なので，僕もいい友達がたくさん見つかるといいなと思いました。

○　《友達のとらえ方》僕が考える「良い友達」とは，分かりません。考えたこともないか
らです。以前勉強がよく出来る子や真面目な子と友達になったほうがよいという話を聞い
たことがありました。でも，その考えには反対でした。それは，絶対に違うと思ったから
です。僕には，「良い友達」の固定観念があるわけでもないです。なので，良い友達とは
何かをじっくり考えてみたいです。でも，ただ一つ言えるのは，友達とは一人一人考え方
が違うので，価値観なのかなと思いました。

○　《これって友達》青鬼は，赤鬼と人間が友達になれるように計画を立てたが，その時点
で青鬼は，赤鬼ともう関われないことを知っていたと思う。友達のために何かをしたのは
よかった思うが，青鬼は赤鬼を裏切ったようにも思えるので，いい友達ではないと思う。
しかし，悪い友達でもないと思う。青鬼は，「青鬼がいなくなったら，赤鬼が悲しむ」と
いう気持ちを考えれなかったので，友達としてもう少し，成長するべきだったと思った。

③　参観した教師の感想

・学級の雰囲気がとてもよかった。円型にしても，あれだけ意見が言い合える生徒同士の繋がりがよかった。

・切り返しがよかった。一つの意見を切り返す時に，全体に広げていた。それによってさらに深く考えることができた。

・間がよかった。間があると考えられる。

・全く眠たくならない授業で，引き込まれた。教師の目線が常に子どもの方を向いていて，学級の世界の中で授業が進んでいた感じがした。

・「私が思うのには，いい友達だと思うけどそれは，よくなった。関わりすぎた。いい友達でも一線は引いてほしい。そこまでしなくても，一緒に何かを考えるならよかった。(S53)」の意見が気になった。ここをもっと掘り下げてもよかった。

④　成果と課題

○　「フルーツバスケット型座席」の活用によって，生徒は他の生徒の意見をよく聴いていた。よく聴いていたことで，よく考えることができた。それは，生徒の表情や意見，感想から読み取ることができた。

○　発問を絞ったことで，中心発問でじっくり時間を取り，「対話」させることができた。

●　授業記録を読むと，生徒に「信頼」「信用」をさらに掘り下げ，さらに深く考えさせることができる発言があった。ねらいを達成するために，もっと生徒の発言を予測しておく必要があった。

(7) おわりに

　本書を最初から最後まで読むと，道徳の授業を支える三つの柱が示されていることが分かる。その中に一つに「学級の風土」というのがある。いくらよい教材でよい発問を考えても，「学級の風土」ができていなければ，よい道徳の授業はできないことを意味しているのではないだろうか。

　「学級の風土」は，「学級の雰囲気」と言い換えることができる。では，よい学級の雰囲気とはどんな雰囲気なのか。特に道徳科の授業においては，「自分の考えを素直に言い合える雰囲気」つまり，「本音が言い合える雰囲気」が学級にあることが，よい学級の雰囲気の一つといえる。自己を見つめ，自分のこととして考え，それを本音で学級で話し合える雰囲気があることが，「対話」のある道徳授業が成立する条件だと考える。そして，そのような良い学級の雰囲気を創るために，教師は日ごろから生徒理解に努め，生徒一人一人をより善い方向へ導いていく教育が必要であること，その多くが道徳の授業で育まれることを意識していくことが大切なのではないだろうか。

（東海市立加木屋中学校　山本篤司）

6 授業づくりと対話を大切にし，道徳的価値を高めるための授業の創造

実践編

——中学校1年「おばあちゃんの指定席」の実践を通して

（1） 授業者立案の想い

　道徳の授業をやらない先生がいた。理由を聞くと「つまらないから」「やり方が分からないから」と答えた。これではいけない。教科化になったから仕方なく道徳をやる，それでは道徳を受ける子どもたちがかわいそうだ。

　「つまらない」なら楽しいことを体感させたい。「やり方が分からない」なら，やり方を教えたい。その一心で，今，多くの若い先生方と関わっている。モチベーションはただ一つ。「道徳って，楽しいんだよ」と思ってもらうこと。そのために，言行一致，率先垂範，現場目線で，日々道徳について発信している。担任を持たないので，頭を下げてクラスを借りて，実践を重ねている。大学教授には語れない「現場ならではの道徳」を語りたいと思い，本実践を立案し，実践した。

写真1　授業の様子

　良い道徳の授業は，次のような側面を持っている。

---

　① 道徳授業は，楽しい

　② 道徳授業をしっかりやると，生徒の学力が上がる

　③ 道徳授業が上手になると，教科の授業も上手になる

　読者の中には「これらのことは嘘でしょう」と思う人がいるかもしれない。しかし，すべて事実である。

① 道徳授業は，楽しい

　文部科学省教科調査官の浅見哲也氏[*1]は言う。「道徳は楽しい。何が楽しいか。それは，生徒が授業でどんな意見を言うかということ。それを想像するだけでわくわくして，夜も眠れない」と。「教師がこんなふうに問うたらどんな意見が返ってくるか，こう返したらどうか，こう問い直したらどうだろうか……」生徒の意見を聞くことで，心が動かされ，新たな考えを発見することができる。浅見氏は，それを「わくわく」と表現している。私自身も，実践を通して，道徳授業の可能性のすばらしさ，奥深さを味わっている。

＊1…浅見哲也氏…文部科学省教科調査官（道徳担当2018～）

②　道徳授業をしっかりやると，生徒の学力があがる

　平成28年度全国学力状況調査で「道徳で自ら考え話し合う指導をした」という質問項目で「よく行った」と回答した学校ほど，学力調査の正答率が高くなっている。

③　道徳授業が上手になると，各教科の授業も上手になる

　このことについては，多くの先生方が同様の内容を語っている。なぜか。それにはいくつかの理由がある。

ア　教師の姿勢が変わる

　傾聴する姿勢が身に付く。教師が生徒の意見に共感できる。教師がこれらの姿勢を身に付けることによって，教科の授業でも発言が多くなるなど，生徒の学習に向かう意欲が喚起されることにつながる。

イ　教師の対話力が身に付く

　道徳では，後で述べるが「**教師の対話力**」が授業においてとても大切になってくる。道徳が上手になると対話力が身に付き，その結果，教科の授業でも対話を軸にした思考判断を促す授業を行うことができるようになる。

ウ　教師が話し過ぎないようになる

　道徳の授業が上手な先生は，自分が話す時間を減らして，子どもの意見を引き出すことができる。そのため，教科の指導も上手になっていく。

　上記のことをまとめると，道徳の授業をしっかりやっている学校は，教科の授業も上手になり，その結果として，学力が向上していく。

　これらの事実を，多くの若い先生方に，力強く伝えたい。

(2) 道徳授業は三つの段階でひとまとめ

　道徳授業と言っても，大きく三つの段階がある。「授業作り」「実際の授業」「振り返り」である。これを1セットとして考えたい。

- **授業作り**　………教材研究・資料解釈，中心発問や補助発問を考える，授業展開を考える
- **実際の授業**　……対話をもとに，ねらいとする道徳的価値を深める
- **振り返り**　………ねらいが達成できたか，授業の評価をする（研究協議会など）

　これらの三つはどれも大事である。多くの場合，「実際の授業がどうであるか」が議論されやすいが，私は，「授業作り」も大切であると考えている。

　良い道徳の授業とは，ねらいを達成する授業である。多くの意見が出る，議論が白熱する，挙手が多い，ということが良い道徳の授業とは限らない。授業をしているのだから，明確なねらいがあり，そのねらいを達成することこそが，授業の成功である。道徳におけるねらい

とは「道徳性を高める」ことであり，道徳性とは「学習指導要領に書いてあること」である。授業作りをする際，このことだけは絶対に忘れてはいけない。厳しく言えば，「45分間，50分間の道徳授業を終えて，授業の最初と最後で，何も学びがなかったり，何も変化がなかったら，授業をやった意味がない」のである。私たち指導者は，学習指導要領にのっとって，ねらいをもち，それを達成するために，授業をしている。そして，ねらいを達成するための「方法」は任されているのであるから，そこを工夫するのである。工夫するために「授業づくり」があるのである。

　では，三つの段階について，実践とからめて，具体的に述べていく。

(3) 授業作り

　本実践では，「おばあちゃんの指定席」（あかつき）を教材とした。内容項目は「思いやり」とした。（授業展開によっては「公徳心」の内容項目でも扱うことができる。）教材のあらすじは，以下のとおりである。

あらすじ

　同じ電車に乗り合わせるおばあさんのために席を確保している少女が，ある日，足をけがした男性に会い，その席を譲ってしまう。その後おばあさんが乗車してきて，少女は悩んでしまう。しかし，おばあさんはすべてを悟り，笑顔で大きくうなずいてくれる。優しい気持ちをもった少女の行動が，とても分かりやすく描かれている。電車という公共の場でも，思いやりが存在し，その思いやりが伝播している様子が，分かりやすく伝わる教材である。

　本実践では，ねらいを以下のとおりとした。ねらいを考える上では，「学習指導要領解説」の「内容項目」を熟読し，生徒に付けさせたい道徳性をしっかり吟味した。

ねらい　　電車の中での少女の思いやりの気持ちを考えることを通して，「思いやりの伝播」の温かさに気付くことができる。

　このねらいを達成するために，中心発問と補助発問を考えた。さらに，それらの発問に対して予想される生徒の意見を考えた。押さえるべきキーワードも考えた。ここまで考え，そしてシミュレーションをして，やっと「授業作り」をしたと言える。以下は，本実践の「授業作り」のメモである。もちろん指導案も作成するのだが，このメモは指導案以上に授業者にとって大切である。なぜなら，50分間の「思考の流れ」であるからだ。しかし，授業はこの通りには絶対に流れない。その場その場で，瞬時に授業展開の再構築をすることが余儀なくされる。それが道徳の授業である。

授業メモ〔おばあちゃんの指定席〕

導入：思いやりってどんなもの？

　・人に接するやさしさ

※「この人というのは，知り合いだけ？」と軽く問い返す。

　　違う→公共性・公徳心

・教材を読む……読み終えた後，余韻を少しもつ。

基本発問：ゆうこが男の人に席をゆずったときの気持ちは？

・罪悪感…おばあちゃんに申し訳ない。

・男の人もお礼を言ってくれて，よかった。ほっとした。

・よいことをしたと信じたいが，悩む。

・本当に困っていたんだから，仕方ない。（自分を納得させる）

・おばあちゃんと約束をしなければよかった。（後悔）（悔しさ）

キーワード：こわくて，ドキドキ。自分に言い聞かせた。

（おばあちゃんが乗ってきたとき）……軽く押さえるなら押さえる。

・どうしよう　　　・ごめんね（謝罪）

キーワード：急に目から涙がぽろぽろと出てきた。

中心発問：おばあさんが笑顔でうなずいてくれたときの気持ち

・ありがとう。うれしい　　　・分かってくれたのかな，ほっとした

・人に親切にできてよかった←席を譲ったりしてきたことは後悔していない？

・おばあさんはやさしいな　　　・おばあさんのやさしさがありがたい

補助発問：逆におばあさんは，どんな気持ちだったのだろう

・いいんだよ　　　　　・今回くらいは大丈夫

・泣かないで　　　　　・あなたのやさしさがうれしい

・自分が座れることよりもゆうこが男の人にゆずったことがうれしい　　　・喜びだよ！

★深まらない場合は，役割演技をする。

　　Ｔ「ごめんね，おばあちゃん。今日は席がないの」Ｓ「……」

★おばあさんは，「今回，席がないのは突然お客が多かったのではなく，足をケガした男性に
　　ゆうこが譲ったから」ということに，気付いていた？　知っていた？

→知っていた。知っていたから，笑顔で頷いた。知っていたからゆうこの優しさがいっそう伝
　　わった。それがうれしかった。

押さえ：ゆうこのやさしい心→おばあさんもやさしい心（伝播）

　　２週間前は他人だった人と，こんな心の関係になれるんだ……。

補助発問：もう一つ，気になることがあるんだけど，なぜゆうこは「この人に席を譲ったから
　　　　　　席がないんだよ」と言わなかったのだろう。言えば，ゆうこはもっと楽になるのに。

補助発問：なんで，小さい声で言ったの？

押さえ：ゆうこの，男の人に対するやさしさ

把握の発問：こんなゆうこをどう思う？

・思いやりを伝播させる心　　　　　・席をゆずるやさしさ　　　　　・涙を流せる心

価値の自覚：今日の授業で感じたことを書きましょう

（4）実際の授業

　本実践は，授業における「対話」を通して，生徒の道徳性としてのねらいである「思いやりの伝播の温かさに気付く」を達成したいと考えた。

　道徳科の授業における「対話」については，次のように捉えている。（※詳細については，本書第1章第3節中村浩二氏執筆ページ参照）

　★　対話には，三つの更新がある。

　1時間の道徳の授業では，一般的に一つの道徳的価値を扱う。そして，道徳的価値について，児童生徒を低い状態から高い状態へと導くことが教師の役割となる。

　人間は，読み物を読むだけでも道徳性が高まることはある。だからと言って，読み物を読むだけでは道徳の授業にはならない。学級の仲間との話し合いがあるからこそ，道徳の授業に価値が生まれる。仲間との話し合いを通して，個人の内面に新たなものが生まれることを期待して，道徳の授業では話し合いをする。ただ，現在学校現場で行われている話し合いと呼ばれるものは，一方的な発言の連続が多く，自分の考えが他者に届くかどうかには関心がなく進められていることが多い。新たなものを生み出す可能性のある話し合いこそが「対話」なのである。

　「対話」とは，三つの「更新」があるものである。その三つの更新とは，「①新規」「②修正」「③深化」である。

　★　道徳科の授業には，「三つの対話」がある。

　一つ目は，「級友との対話」であるが，そのほかに「資料（教材）との対話（特に主人公との対話）」と「自分自身との対話」がある。資料（教材）の主人公に対しては，「どうしてそうするんだ？」「そうだったのか」と問いかけ，そして，「私はどう思うんだ？」「私はそれでいいのか？」と常に自分自身に問いかけていくのが道徳の授業である。そして，最終的に「腑に落ちる」「確かにそう思う」という道徳的価値の自覚にもっていくのが，道徳の授業のめざす姿である。

　また，児童・生徒の対話力を高めるためには，「教師の対話力」が必要である。その「教師の対話力」には五つの対話力がある。（※「教師の対話力」については，本書第1章第3節28ページ参照）その「聞く，返す，もどす，ゆさぶる，拾う」の五つの対話力を駆使し，対話を使って，生徒を価値の低い状態から価値の高い状態へ引き上げることをねらい，本実践を行った。

　授業記録（一部抜粋）は，以下の通りである。★印の部分については，後で解説を載せている。

	授業記録「おばあちゃんの指定席」中心発問後の価値を深める展開
T1	ゆうこは，何も言っていないよ。「今日は席がないの」これだけしか言っていないよ。でもこの瞬間に，おばあちゃんは「今日は偶然，満席なのではなく，ゆうこがこの男性に席をゆずった」と思ったの？　そう思う人？
S2	（挙手多数）
T3	気付いていて，おばあちゃんは，笑顔で頷いた，ってこと？（生徒：頷く）
T4	どういうこと？　教えて。
S5	ゆうこが涙を流したということは，ふつうに満席だったら，涙は出ないはずだから，それなりの理由があると思うから，おばあちゃんはそれを察した。
T6	おばあちゃん，そこまで察して，笑顔で頷いたんだ。
T7	じゃあ，先生がゆうこ役やるから，おばあちゃんの役になって，一言返してみて　★1
T8	ごめんね，おばあちゃん。今日は席がないの……。
S9	他の人に，いいことをしてあげたんだから，いいよ。
T10	ごめんね，おばあちゃん。今日は席がないの……。
S11	大丈夫だよ。私は今まで，それだけの優しさをもらったから。
T12	おーっ。今の意見に「おーっ」と思った人？　（挙手多数）　★2
T13	でも，今日は座れないんだよ，それでもいいの？おばあちゃん。
S14	今まで，それだけのやさしさをいっぱいもらったんだから，それだけでおばあちゃんはうれしいよ。
T15	おばあちゃん，喜んでいるね。おばあちゃん，何に喜んでいるの？　優しさをくれたことだけかな？
S16	ゆうこが，私だけではなく，他の人にも優しさをあげたことを喜んでいる。
T17	他の人に優しさを与えたゆうこのことを，喜んでいるの？自分が座れる喜びよりも？
T18	ゆうこが優しいってことは分かったけれど，おばあちゃんもやさしい？
S19	おばあちゃんも，やさしい。
T20	このおばあちゃんって，最初からやさしかった？　★3
	（生徒は，えっ？　という反応）
	最初から優しかったと思う人？（挙手少数）　最近やさしくなったと思う人？（挙手多数）
S21	ゆうこから優しさをもらって，おばあちゃんも優しくなったと思う。

S22	おばあちゃんはゆうこの優しさにふれて，思いやりの大切さがわかった。
S23	ゆうこが優しさをくれたので，お返しのような気持ちで，おばあちゃんも優しくなった。
T24	今まではそんな気持ちはあまり無かったのだけれど，ゆうこと出会って，ゆうこに席を譲ってもらって，こういう気持ちになったんだね，電車の中で。
T25	先生ね，もう一個だけ，聞きたいことがあるんです。ゆうこ，「今日は席がないの」という言葉，小さい声で言っているんだよね。どうして？　★4
	（少し沈黙。生徒は皆，一生懸命考えている。その後挙手数名）
S26	大きい声で言うと，席をゆずった男の人に聞こえてしまって，男の人が申し訳ないと思うかもしれないから。
S27	男の人に聞かれると，いやな思いをするかもしれないから，そこまで考えて，小さい声で言った。
T28	席をゆずった男の人に対しても，気を配ったり，思いやったりしているってこと？
	（生徒多数頷く）
T29	ここもそうだよね「今日は席がないの」のところ，席がない理由を，男の人に譲ったと言えばゆうこは楽になるのに，理由を言わなかったよね。理由を言えば，ここに出ていた不安，悩み，切なさを感じなくてもすむのに，それを言わなかったよね。
T30	でもそれを男の人のために言わずにいたし，言葉自体も小さい声で言うことで，男の人のことを思っていたんだね。
T31	このバスの中の空気，どう思う？
T32	思いやりって，こうやって，伝染したり，広がったりするんだ，公共の場でも。公共の場というのは，知らない人と一緒にいるバスの中や電車の中ってこと。
T33	ゆうこって，最初，ドキドキしたり，怖い思いしたり，って話し合ったけれど，悪いところってあるの？
S34	ない。
T35	ないよね。ないのに，ずっと悩んだり，悲しんだり，謝ったりして心が揺れているよね。でもゆうこのおかげで，思いやりが伝染して，公共の場に思いやりがいっぱいになってあたたかい気持ちになっている。こんなゆうこのことを，どう思う？
T36	今日の授業で感じたこと，考えたことを書きましょう。

　授業記録の解説（★印部分）は，以下の通りである。この解説を読んでいただくことで「ねらいを達成するための授業者の意図」と「教師の対話力」について感じていただけると思う。

★1（T7）ここは，おばあちゃんの気持ちを掘り下げるために，ミニ役割演技をした。教師と生徒との役割演技である。おばあちゃんが，ゆうこの優しさをしっかり受け止めていることを押さえるねらいがあった。

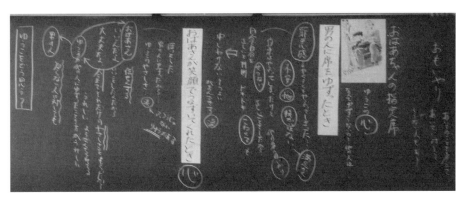
写真2　授業での実際の板書

★2　（T12）S11の意見に対して教師自身もびっくりした。多分多くの生徒もS11の意見に心が揺れただろう思ったので，全体にこのように聞いた。生徒の発言で心が揺れて深く考えさせられたという事実を，挙手させることで可視化した。

★3　（T20）この問い返しは，ねらいに迫るための教師の意図的な発問である。ここから，おばあちゃんの優しさは，ゆうこの優しさが伝播したものであるということに気付かせることをねらっていた。この後の生徒と教師との対話は，少し誘導してはいるが，最終的にねらいに収束するための「教師の対話力」を発揮する場面である。

★4　（T25）これも，事前の授業作りで準備していた補助発問である。ここで生徒ははっと気付くはずだと考えた。（小さい声で言ったこと→ゆうこは男の人のことも思いやっている，ということに。）事前にこういう補助発問を多く用意しておくことで，ねらいに迫ることができると考えた。

(5) 振り返り

　「本時のねらいは達成できたか」をシビアに振り返ってみる。これが最も大事なことである。これを現場では「研究協議」と呼び，「研究協議こそが，教師が最も力量を付けることのできる場である」と言われている。授業のやりっ放しは，道徳授業の力量向上につながらない。今回の研究協議・振り返りを通し，以下の三点からねらいは達成できたと考える。ただし，決してうぬぼれることなく，今後も謙虚に道徳授業作りをしていくことは言うまでもない。

① 　生徒の感想から

〈内容に関する感想より〉

★　ゆうこさんは，自分のことはたなにあげずに，自分は後回しで他人のことを思いやることができる，まさに人としてもお手本になる人だと思います。人は本来，他人と助け合って生きていくのが普通です。なので僕も，他人に常に気をかけて，どう行動すると自分が助かるかを考えていきたいです。

★　おばあちゃんが，笑って返せる心の優しい人でよかったです，また，ゆうこも，小さい

声で言ったのは席をゆずった男性に気を遣わせないために，言い方まで工夫できるなんて，すごい思いやりのある子だと思います。

★　こんなに思いやる気持ちとやさしさがある子が，どんどん増えてほしい。「思いやりの気持ちは，これだけの力があるんだ」と感じました。

★　思いやりは伝染するんだなあと思いました。ゆうこはとてもやさしく，思いやりがあるなと思いました。

★　ゆうこはやさしいけれど，やさしさのあまり，せつなくなってしまった。ぼくもこういうせつなさを体験してみたいと思った。思いやりは，優しい人から伝染する。これがみんなに伝染すれば，世の中はとてもいい世界になると思います。

〈クラスメイトの意見に対する感想より〉

☆　○○君の「思いやりが伝染していけば，世界が豊かになれる」という意見に，私もそうなればいいな，と思いました。

☆　○○の「大丈夫だよ，今までそれだけのやさしさをもらったから」という意見を聞いたとき，すごく自分の心が揺れました。とてもよい気持ちが残りました。

☆　ゆうこは，男の人のことを思って小声で話をしたという意見が，とてもいいと思いました。

☆　○○さんや○○さんの意見で「思いやりは伝染する」という言葉が，とても心に残ったので，この言葉を自分は大切にしていきたいと思いました。

☆　○○くんの小さい声で言う理由のところに，すごく共感しました。

②　授業を参観した先生から（東浦町教育委員会指導主事より）

ア　「ぶれないねらい」

「他の人は譲らなかった」の意見が全く浮かび上がることなく「思いやりの伝染」という軸がぶれない展開が良かった。

イ　「活気のある対話」

○○くんの意見に「おーっと思った人」「同じ気持ちになった人」，これが「対話」になっていた。他の全ての発言に対しても対話が成立していた。

ウ　「道徳は教科」

授業準備，実際の授業，授業後のフィードバックなど，自分が「道徳の専任教員である」という自覚がなければよい道徳はできない。心が震える授業だった。

③　自分自身で授業を振り返る

ビデオを見ながら授業記録を起こし，授業の振り返り，つまり「自己との対話」をした。

・しゃべりすぎないように気を付けた。

・ねらいに迫るような補助発問，瞬時の判断で展開を再構築することを行うことができた。

・ねらいがぶれる場面があった。（補助発問の「質」をあげるべきであった。）

(6) おわりに

①　授業成立を決める要因の70%は，学級経営

　浅井中学校長の山田貞二氏[*2]は言う。「道徳のベースは，学級です。学級が，何を言っても安心・安全・セーフティな場でなければ，生徒は発言しません。対話をしません。誰も本音を言いません。学級経営こそが，道徳授業の土台です」学級の中の安心感，共感的に意見を聞ける空気作り，互いを認め合える学級作り，これがあって初めて，道徳授業が成立する。このことを常に心にとめておきたい。

②「道徳の教科化」よりも「教科の道徳化」

　第1章で中村浩二氏も述べている。「道徳授業をするもう一つの意味，それは道徳性の高まりやすい学級を作ること・道徳的行為がしやすい学級を作ることです」と。

　私はこんな経験をしたことがある。道徳をしっかり実践し続けた年のことである。2学期後半から3学期になると，学級の雰囲気が変わってきた。数値で表せるものではないのだが，しっとりとした雰囲気，居心地がよい空間，穏やかな表情が増えた。その年の4月は殺伐とした雰囲気があり，授業中もぴりぴりしており，教室を歩く生徒どうし肩がふれただけでいざこざが起こっていた。さまざまな要因が重なっているとは思うが，良質の道徳授業を積み重ねることが，学級の雰囲気を変えたことは間違いない。

　もう一つ，こんな経験がある。

　大規模な中学校。道徳を全職員一丸となって実践した。その翌年の4月，英語の授業を2学年で受け持った。何度か授業をしているうちに，以前，授業をしていたときよりも授業がやりやすくなっていた。生徒の反応が良い。そして温かい。さらに生徒の表情が温和である。教科の授業がこんなにもやりやすくなった，ということを，肌で感じることができた。

③　道徳の話題が出る風通しのよい職員室を

　道徳を熱心にやるようになると，夕方の職員室でこんな光景が見られるようになる。

　「〇〇先生，今日の道徳では，▲▲くんがこんな意見を言ったんですよ」「こんなふうに話し合いが展開して，この意見からぐんと深まったのです」「今日の道徳は今一つだった。次は展開のところで補助発問をしっかり使って深めたい」道徳授業の実践の具体的な話が，職員室でされるようになる。また，「次の道徳，中心発問，どんなふうにしますか」と互いによりよい授業をするための情報交換・教材研究も行われるようになる。これこそ，先生方が，「道徳が楽しい」と思える最大の要因である。同僚と一緒に授業を作り，生徒との対話を楽しみながら授業を行い，その感想を同僚と交換する。まさしく風通しのよい職員室となる。若い先生も，道徳を楽しみ，ひいてはよりよい教育活動ができるようになる。私も，道徳の

＊2…愛知県一宮市立浅井中学校長（2016～）

授業をないがしろにしていた学校に赴任したとき，最初は全く道徳の話題が出なかった職員室が，みるみるうちに「変化」し，若い先生方が大きく「成長」する姿を目の当たりにした。これこそ，先ほど述べた「教科の道徳化」そして「学校の道徳化」であろう。

（東浦町立東浦中学校　竹内　稔博）

平山勉のワンポイントアドバイス

　中学校実践の濱田先生，山本先生，竹内先生の各実践から学びたい点を以下にまとめます。

　濱田先生の実践では，小学校に比べて，受け身になりがちな中学校の授業そのものを変えていきたいという，教師の授業づくりに関する強い願いがあることを学んでいただきたいです。冒頭でラーニングピラミッドの引用があります。この本のシリーズ1作目の『今日の授業実践から明日の授業実践を創造する』で，その元ネタといわれるエドガー・デールの学習の法則——経験の円錐（Dale's Cone of Experience）を説明させていただきました。

　デールの「経験の円錐」は，我が国の「視聴覚教育」を支える基盤的な理論の一つとして，円錐の上部にある，「抽象的」な文字による「知識」を人間が獲得していく時に，円錐の下部に位置づく，個々の直接経験という「具体的」なつながりを視覚的に理解しやすいモデルになっています。

　近年のアクティブ・ラーニングが推奨される中で，学習者にとっての知識・技能等の定着率や忘却曲線と連動し，円錐の底辺にいくほど，定着率が高いと参考引用されることが増えてきたわけです。ここで，誤解が生じてしまう可能性が高いのは，底辺の活動の方が児童・生徒にとってプラスになるという考えです。

　私たちは，一人前に成長していくために，円錐上部の「抽象的な」知識・技能を獲得していく必要があり，それを概念形成とも呼ばれるのですが，その「抽象的な」知識・技能も固定された静的なものではなく，円錐の底辺までに位置する様々な学習活動との連携を繰り返すことで，一人一人の児童・生徒にとっては，「温かい」動的な知識・技能が絶えず形成されているということです。こうした全体的な把握ができていないと，「ペアワーク」や「教え合い」「討論」という「外化」をすることが児童・生徒にとっての質の高い学習であるとの誤解から，「活動あって学び無し」につながっていくことになります。

　少し，入り組んだ解説になりますが，「教材研究」によって裏打ちされ，「学習環境づくり」「学習者の状況把握」等と密接に連携させながら「授業者としての願い」が密接にあって，個々の児童・生徒，そして，教室全体の学びが形成されていくことを確認していただきたいです。

　山本実践では，従来，小学校 3 年，4 年に取り上げることが多かった「泣いた赤鬼」の実践ですが，道徳の教科化とともに中学校の教科書にも掲載されています。奥の深い内容を題材にして，学級の風土・雰囲気づくりの大切さを学びたいです。大学の学生に取り組んでもらっている模擬授業でも，この「泣いた赤鬼」は，高校生，大学生対象の指導案も作成できると報告してもらっています。ぜひ，皆さんも対象学年を意識しての授業づくりにチャレンジしていただきたいです。

　竹内実践では，道徳の授業づくりに，学級経営が密接に関連することを学んで欲しいです。竹内先生は，小学校，中学校の両方の豊富な教育経験があります。この本の出張の一つである，「道徳の授業が良好にできることが」「教科全般の授業づくり」につながっていることを学んで欲しいです。過日，中学校の教頭先生と話をしましたが，最近の職員室は，ほぼ全員がパソコンに向き合ってそれぞれが作業しているシーンが普通で，顔を合わせ，児童・生徒のことを話し合うことが減ってきていることを嘆いていらっしゃいました。竹内先生が提唱されているように道徳の授業づくりが，このような学校内の教員のコミュニケーションをはかる大きな手立てとなること期待したいです。

　また，この後，西尾先生の「中心発問から広がる深い学び合い——他者との対談を通して自己の成長へとつながる授業を目指して」と北川先生の「道徳科の授業における『役割演技』——話し合いを重視した役割演技を取り入れて」は，私たち研究グループによる学校現場発の授業づくりの提案です。

　はじめにも書きましたが，世の中の科学技術の進歩は凄まじいものがあり，不確実で予測不可能な時代を生き抜く児童・生徒を，自分で考え，判断し行動できる一人前の人間にするため，我が国の教育の方向性は大きく転換します。さらに，従来型の「教科」の技能・知識の習得は大事にしながらも，総合的な学習の時間・探究の時間のような「教科横断的な学び」を打ち出し，2020 年度から「プログラミング教育」も始まります。

　従来の教師が用意した学びのステップを着実にこなしていくような授業づくりから，吟味した「中心発問」を児童・生徒に投げかけどのように広がっていくか，あるいは「役割演技を通して」児童・生徒がどのような学びをしてくれるか，不安とワクワク感が交錯するような授業づくりの醍醐味や，時には教師の予想を大きく超える児童・生徒のもがきや羽ばたき，それが「しみじみとする」授業づくりにつながっていくことを読者の皆様にも感じていただきたいです。著者先生方の，教師自身がワクワクしながら進める幹の太い授業づくりにも大いに期待しています。

中心発問から広がる深い学び合い
——他者との対話を通して自己の成長へとつながる授業をめざして

(1) 授業者立案の想い

　「国語の授業のような，登場人物の心情を読み取る道徳の時間」を過ごしてきた私が，あるとき「中心発問のみ」で道徳の授業を展開していくやり方に出会った。初めは「発問一つで45分もつのだろうか」という不安があった。しかしいざやってみると，児童が思いをどんどん打ち明け，意見をたくさん聴くことができた。

　発問は「主人公の心が一番揺れ動いた内容」に焦点を当てる。①「主人公の心が一番揺れ動いた場面」について考えさせる，②「どうして主人公は心が揺れ動いたのか」を考えさせる，③「自分が主人公だったらどうしていたか」について考えさせる，④「主人公の考えに対して自分が思うことはどんなことか」について考えさせるように設定した。このことへの開眼は，発問探しに広がりを生じさせた。

　「○○したとき主人公はどんな気持ちだったのだろうか」，「どんな思いで主人公は△△したのだろうか」と設定することで，心の変化を自由に想像し，発言することができた。

　そしてその後に，そのように発言した理由を聴いていった。この自分がそう表現した理由を聴いていくことがいかに道徳の時間において大切か，授業を通して私自身が痛感した。この理由の中に児童の道徳的価値観があり，それぞれの理由を聴くことで，自分の中の道徳的価値観に深まりと広がりが生まれた。今までAと思っていたことが，さらに深まってA′になったり，全く新しいBという違う価値観に気付いたりすることで自分の中の道徳的価値観が変化・成長することを実感している子どもたちが生まれた。嬉しくなり，私自身，道徳科の授業の面白さと，醍醐味を知っていった。

　授業では，教材を自分事としてとらえ，他者との対話を通し，これからの生き方について考えさせたい。（主体的な学び）そして，それぞれの内容項目のさまざまな側面に気付き，立場を変え，見方を変えてとらえることができるということも学ばせたいと考えた。

(2) 授業展開の工夫

① 発問を1つに絞り込んだ対話重視の授業展開

　児童がじっくりと考え，対話を深めていくためには発問の精選が必要である。資料内容をある程度理解できれば，場面ごとに登場人物の心情を確認していくような発問は必要ない。したがって，発問を一つに絞り

図1　道徳の授業イメージ

込む授業展開を工夫した。

②　発言は静かに立ち上がって

　発言をするとき，挙手が一般的であるが，発言したい人は静かに立って，指名されるまで待つような方法をとった。そうすることで教師が児童の思考の流れを断ち切ることなく授業を進めることができる。立って待っている児童も「考えをもっているぞ」という自信にもつながり，待っている間に考えをまとめることもできる。また，発言内容が自分と同じであれば自分で聞き分けたうえで着席するというルールも加えた。

③　チョークの色分け（3ステップでの授業展開）

　まず，発問に対する初めの意見を白いチョークで板書した。どの資料においても五つ程度の意見分類になることが多い。これらの意見をたたき台にして対話を深めていく。次に，白いチョークで書いた意見の中から，自分の考えと一番近い意見を選ばせ，その意見を選んだ理由を述べさせる。児童が述べた理由の中から，大事だと思われる言葉を黄色のチョークで

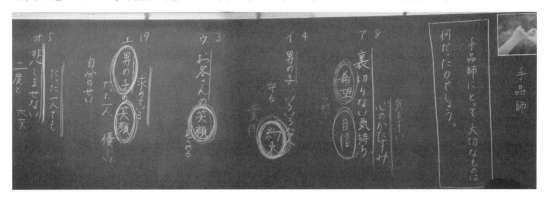

写真1　道徳の授業の板書

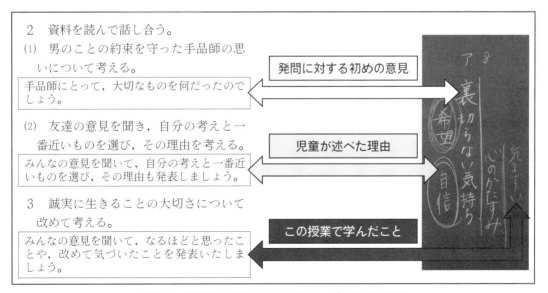

```
 2　資料を読んで話し合う。
(1)　男のことの約束を守った手品師の思
　　いについて考える。
┌─────────────────────────┐
│手品師にとって，大切なものを何だったので│
│しょう。                 │
└─────────────────────────┘
```
発問に対する初めの意見

```
(2)　友達の意見を聞き，自分の考えと一
　　番近いものを選び，その理由を考える。
┌─────────────────────────┐
│みんなの意見を聞いて，自分の考えと一番近│
│いものを選び，その理由も発表しましょう。│
└─────────────────────────┘
```
児童が述べた理由

```
 3　誠実に生きることの大切さについて
　　改めて考える。
┌─────────────────────────┐
│みんなの意見を聞いて，なるほどと思ったこ│
│とや，改めて気づいたことを発表いたしま │
│しょう。                 │
└─────────────────────────┘
```
この授業で学んだこと

資料1　指導案と板書で見る3ステップでの授業展開

111

板書する。ここでのポイントは，理由をしっかりと述べさせることである。理由の中にこそ，その人の道徳的価値観が表れる。理由を述べることで，自分の道徳的価値観の自覚や再確認がなされる。そして最後に，この授業を通じて学んだこと，なるほどと思ったこと，はっと気付いたことを発表させる。その時に出た意見は，赤色のチョークで板書する。赤で板書した意見こそ，本時の授業での新しい道徳的価値観に気付いた瞬間，または道徳的価値観の更新が行われた瞬間である。

④　他者との対話を深める工夫

　相手に話をしたいと思わせるには，聞き手の「聴く姿勢」が重要である。話し手に「もっと話したい」と思わせるためには「聞いてくれているな」と安心させることが必要となる。その安心感は，聞き手の姿から生み出されていく。「相手の顔を見て聞く」「うなずきながら聞く」ことはもちろん，言葉にはなっていないが相手が伝えようとしている心の奥にある気持ちも聞こうとする「傾聴」も大切である。そのため，聞き手と話し手が互いの姿がよく見えるように，座席配置を工夫した。

⑤　自己との対話を深める工夫

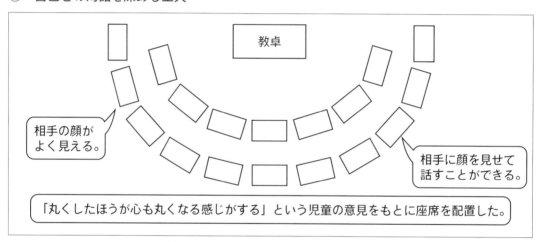

図2　じっくりと語り合うことができる座席配置の工夫

　主体的に捉えたり，多面的・多角的に捉えたりするためには，授業の中で振り返りの時間をつくることが重要である。他者の意見を聞くことで，「自分だったらどうだろうか」「これからどう生きていこうか」と自己との対話につながっていく。「①めあてにもとづいて書く」「②登場人物と重ね，自分と比べたことを書く」「③そう思った根拠・理由を書く」「④これまでの自分の生き方について書く」「⑤これからの自分の生き方について書く」「⑥他の人の考えを参考にして書く」の六つのポイントを示し，教材に応じてどのポイントで振り返らせるか指示を

☆　めあてにふれながら書く。
☆　登場人物と重ね，自分と比べたことを書く。
☆　そう思った根きょ・理由を書く。
☆　これまでの自分の生き方について書く。
☆　これからの自分の生き方について書く。
☆　他の人の考えに触れて書く。

資料2　振り返りのポイント

する。何について振り返るのか，何を書くのかを明確にすることで，自分の考えや思いをよりはっきりとさせていくことができる。

(3)　授業の実際

①　指導案

主　題	正直，誠実
教材名	手品師（文部省）
ねらい	男の子との約束を守る手品師の心情を通して，誠実に生きることの大切さや，不誠実であると後悔や自責の念が生じることに気付かせる。

○　準備・資料　指切りをしている写真（掲示物），プリント（資料），ワークシート

段階時間	学習活動／発問	指導上の留意点・支援の手だて　・留意点　[支]支援
導入5分	1　指切りをしている写真をもとに，約束について考える。 約束を破られるとどんな気持ちになりますか。	・約束は相手があるもので，それを破られると傷つく人がいることに気付かせる。 ・「正直，誠実」ということに子どもたち自身で気付かせるため，意図的にねらいを示さずに進める。
	誠実に生きることについて考えよう	
展開35分	2　資料を読んで話し合う。 (1) 男の子との約束を守った手品師の思いについて考える。 手品師にとって，大切なものは何だったのでしょう。	・チャンスを逃してまでも，男の子との約束を守ったことに焦点を当てて考えさせる。 **中心発問**
	(2) 友達の意見を聞き，自分の考えと一番近いものを選び，その理由を考える。 みんなの意見を聞いて，自分の考えと一番近いものを選び，その理由も発表しましょう。	・意見を出し合うことによって，道徳的価値観を広げさせる。 [支]　理由が発表できないときは，その意見の中で心に響いた言葉を選ばせる。
	3　誠実に生きることの大切さについて改めて考える。 みんなの意見を聞いて，なるほどと思ったことや，改めて気付いたことを発表しましょう。	・互いの経験や意見を聞き合い，話し合うことで，さらに深く自分を見つめさせる。

| 整理
5分 | 4　教師の話を聞く。

5　感想を書く。 | ・多くの意見が表現されたことに対する喜びを子どもたちに伝える。
・今日の学びで分かったことを書かせる。 |

○　評　価

・　ごまかすことなく，正直に，誠実に生きていこうという気持ちを高めたり，誠実でいることのすばらしさに気付いたりすることができたか。

② 　教師が授業内で意識すべきポイント

③ 　授業記録（一部抜粋）

段階 時間	学　習　活　動 □　　　　　　□は発問	教師が気を付けること・心がけること
導入 5分	1　指切りをしている写真をもとに，約束について考える。 約束を破られるとどんな気持ちになりますか。 誠実に生きることについて考えよう 発問は中心発問1つ。段階に応じて設定。	・ねらいにせまることができるよう興味をもたせる。ねらいを提示するか，提示しないかを教材やねらいに応じて変える。 ・子どもたちの発言のための時間を確保するため，導入にあまり時間をかけない。
展開 35分	2　資料を読んで話し合う。 (1)　男の子との約束を守った手品師の思いについて考える。 手品師にとって，大切なものは何だったのでしょう。 (2)　友達の意見を聞き，自分の考えと一番近いものを選び，その理由を考える。 みんなの意見を聞いて，自分の考えと一番近いものを選び，その理由も発表しましょう。 3　誠実に生きることの大切さについて改めて考える。 みんなの意見を聞いて，なるほどと思ったことや，改めて気付いたことを発表しましょう。	・範読は教師が行う。「時間をとるから読んで。」だと，読まない子もいる。 ・話の内容はすべて理解できていなくてもよい。教材は話し合うための「きっかけ」にすぎない。心配であれば，読み終わった後，要点を確認する。 ・意見が出なくても焦らない。「無言」である状況は一人一人が熟考している証。 ・「今日はどんな意見が出るのかな」「誰が何を話してくれるかな」という気持ちで聴く。 ・教師は極力話さない。子どもたちと一緒で，うなずいたり，共感したりする。 ・子どもたちの発言に応じて問い返しをする。（すべての発言に問い返すわけではない。教師なりの受け止め方をして，本人や他の子に返す。）

整理 5分	4　教師の話を聞く。 5　感想を書く。	・「みんなのおかげで私もこんなことがわかった。」と自分も一学習者としてわかったことを話す。

④　振り返り

中心発問：手品師にとって大切なものは何だったのだろうか。	
S1	お客さんを裏切らない気持ち。（ア）
S2	いろんな人との約束だと思いました。（イ）
S3	お客さんの笑顔。（ウ）
S4	男の子が大切だと思った。（エ）
S5	この男の子を悲しませないようにすること。（オ）
	（ア）8人　（イ）4人　（ウ）3人　（エ）19人　（オ）5人
T6	この中から一つ，自分の意見と似ているなと思ったもの，一緒だというものを選びましょう。
どうして，そう考えたか聞きたいです。理由を発表しましょう。	
（ウ）に対する理由	
S7	手品師はお客さんを喜ばせるためにマジックをやっているから，お客さんの笑顔が見られるのが大切。
T8	なるほど。
S9	他の人に大劇場をまかせて，この男の子の笑顔のために手品師は手品をするかもって。
T10	ちなみに嫌な経験って？
S11	そうしたら，大劇場の人も男の子も笑顔になれる。
（イ）に対する理由	
S12	自分の経験で，約束を守らなくて嫌なことになったから……なんか嫌なことに。
S13	……怒られた。
S14	私も経験があって，約束がかぶってしまって，困ってしまって……手品師も初めに約束した男の子の約束を優先したと思った。
S15	誰だって約束を破られたらいやだから，男の子との約束を守ったと思いました。
（オ）に対する理由	

S16	男の子の悲しい気持ちを知っているはずだから……。
T17	そっか，なるほど。ありがとう。
S18	約束をしたとき，絶対破らないって気持ちだったと思う。それに約束を破るとたいへんだし……。
T19	何でたいへんなの。
S20	だって，たった一人でも楽しみにしている人はいるから，そのお客さんを悲しませたら手品師失格だと思うから。
T21	人数じゃないんだね。
S22	男の子を笑わせたり，お客さんを笑わせたりするのが手品師の仕事で，大劇場に行ったら，男の子との時間は過ぎて，男の子にはもう二度と会えないと思う。
T23	なんで？　次はない？
S24	男の子は裏切られたと思ってもう二度とここには来ないと思う。
T25	そうか，大劇場のチャンスも二度とないかもしれないけど，男の子との約束も二度とないのかもしれないね。
S26	手品師は男の子を裏切るのは嫌で，男の子も裏切られたくないと思うかも。
T27	そうだね，ありがとう。
S28	男の子のお父さんは死んじゃって，お母さんも忙しいしかわいそうで，子どもにとって手品師は希望みたいなもので，明日も行かないとあの子は一人でさみしくて，それなのに約束を破って裏切ったらダメだって思った。
T29	すごいな，希望か……すごい。ありがとう。
S30	手品師が大劇場に行ったとしても，心の片隅にある男の子との約束を忘れられなくて自信をもって手品ができないと思うし，これから誇りをもってやって，手品師として失格だと思ったから。
T31	これもすごいね，心の片隅にあると……できない。自信がもてなくなる。
S32	自分から男の子と約束したから，大劇場は断ったほうがいい。
T33	そうだよね，ありがとう。
S34	大劇場はたくさんの笑顔が見られるけど，一人でも，たった一人でも笑顔が見られるのはうれしいと思う。

116

S35	男の子は手品師を求めていて，大劇場の人たちはこの手品師でなくて……本当に手品師を求めているのかってことを考えたと思う。
T36	そうか，そこまで考えたんだ……すごい。ありがとう。
S37	大劇場は大きなチャンスだけど，大切な一人のお客さんの笑顔を自分のせいで失うわけにはいかないと思ったから。
T38	そうだよね，一人でも大切だね。
S39	大劇場にでて，有名になったとしても，それを知っても男の子は見に来ないとしたら嫌だと思った。
T40	なんで嫌だと思ったの。
S41	手品を見て，面白いって言ってたけど，約束を破ったら面白くないし，話したくもないって男の子は思うと思うから。
T42	なるほど，一回の約束を破ることで，そうなるんだね。
今日わかったことやこれからの生き方の参考になった考えを教えてください。	
S43	S35さんが言ってたみたいに，手品師は自分を求めている人はいないと思っていたけど，求めてくれている人はいて，男の子は悲しい気持ちだったけど，手品師と出会えて自分の味方はいるんだって気付けたと思う。
T44	なんてすてきなの。ありがとう。
S45	男の子との約束をしたのは自分の責任で，それを裏切るのも自分の気持ちだから，人を裏切ったら男の子の信頼も希望も無くなる。だから裏切っちゃだめ。
T46	信頼も希望も……なるほど。
S47	初めて自分の手品で男の子は希望をもってくれて笑ってくれて，それを手品師もうれしいと思ったから大劇場に行かなかったんだと思った。
T48	うれしい気持ち，素敵だね。
S49	裏切らない気持ちが大切だと思った。裏切られた方も嫌だと思うけど，裏切ったほうも後悔すると思うし，気まずいのも残るから。
S50	（うなずきながら）わかる。
T51	気まずさが残るのね，なるほど確かに。
S52	たった一人の笑顔も無駄にしないし，ほっといたりしない。
T53	大事なことだね。

S54	人を悲しませないことが大切だと思った。手品師のおかげで元気になったから，その笑顔が消えないようにすることを手品師は選んだと思う。
S55	なんか，まだわからないこともあるけど，みんなのおかげで裏切らないってすごい大事だと思った。約束はちゃんと守ろうと思いました。

　授業の最後に振り返りを行っている。この時間は，感想を書くのではなく，わかったことを書くように声をかけている。この時間に自分が気付いたこと，友達の意見を聞くことで理解できたことなど，自分自身の納得解を得られたかどうか振り返る時間としている。さまざまな意見を聞き，自分はどう思うのか，自己と向き合う大切な時間でもある。

　また，ここで書いたことがいつでも手に取って読むことができるように，毎時間冊子にして教室に置いている。学年末には個人に返却するが，教室に置いているときは，手にして読んでいる児童が多い。発表では聞くことができなかった友達の意見や，時間が経ってから改めて読み返す子などさまざまである。

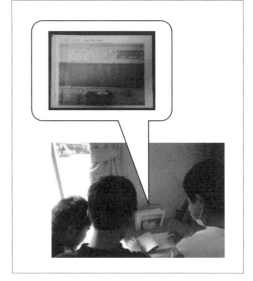

写真2　冊子とそれを読む児童

(4)　評価について

　1年の中で，児童自身が成長を感じ，なおかつ教師が児童の成長を感じたことがわかるように記述するので，この授業の振り返りだけで評価をするわけではない。以下は，この「手品師」の授業で特に成長を感じたという場合の評価例である。今回は二つの振り返りをもとに評価文を紹介する。

今日の授業でわかったこと①

　私は，今日の勉強で，人の気持ちをうらぎらないことが大切だと思いました。自分もうらぎられたり，うらぎっても，いやな気持ちになると思います。そこで私も，どうかい？人としていいことをしているかをしっかり考え行動で示していきたいと思いました。

今日の授業でわかったこと②

　男の子は手品師をまねている希望をあたえてくれているように感じたんだと思いました。ぼくは今までくいが残っていたことがたくさんあ，だけどこれからは勇気をもって思い切って行動したりしていこうと思いました。

資料3　深い学びができた児童の感想

---

①　自分の考えを深める

　振り返りで「自分もうらぎられ，うらぎってもいやな気持になると思います」「私も人と

していいことをしているかしっかり考え，行動で示していきたい」と書いている。したがって，何が大切であるのかに気付き，対話することで気付いた，これからこうして生きていこうと自分の考えが以前よりも進化させることができていると捉えた。したがって，評価では以下のように評価ができる。

② 多面的・多角的に捉え，自分の考えを広げる

> 授業の内容について自分のこととしてとらえ，これからどのようにして生きていきたいかを文章で表現できるようになりました。特に「手品師」では，友達の意見を聞いて，自分の中で考えを整理できました。人の気持ちを大切にし，行動で示したいという思いを新たにもつことができました。

この児童は，主人公である手品師のことについては授業で触れていたが，振り返りでは「男の子は手品師を求めている。希望をあたえていってくれているように感じた」と男の子のことについて書いており，それぞれの立場で考えることができていると言える。そして，そこから自分の考えを広げることができたと感じる。したがって以下のように評価ができる。

> 道徳の授業を通して，いろいろな立場で物事を考えることができるようになりました。特に「手品師」では，手品師と男の子がそれぞれどんな思いでいたのか自分の考えをもつことができました。悔いが残らないよう行動に移すことの大切さに気付けたと感じました。

(5) 学級の様子

道徳の時間だけでなく，ほかの教科や場面でも道徳の授業で行っていることを大切にしている。道徳の時間だけ児童の話を大切に聴いているだけでは，児童も心を開かない。生徒指導や児童が苦手とする教科でも同じことができていないといけない。そして，児童もさまざまな時間や空間を通して認め合っている。道徳の授業としては，誰がどんな意見を言ったかにこだわってはいないが，児童は同じ意見でも A さんが言うのと B さんが言うのとは違うと聴き分けていると感じる。だからこそ，認めようという気持ちが出てくるのだと思う。普段話さない子が，意見を言うまでわざわざ立っているのを見たり，些細なことでも自分の声で伝えようとしたりする姿が人の心を動かしているのではないだろうか。普段からよく話す子の話と，普段から話さない子の話とはとらえ方が違うだろうし，その子の背景も見て話を聴いているのだと思う。それが学級経営につながっている。学級のよい雰囲気が授業（道徳に限らず）の雰囲気をよくして，と相乗効果をもたらしている。そして何より，児童が，クラスの一人ひとりを仲間と認めている。認める気持ちがあるからこそ話が聴ける，聴きたいと思うのではないかと感じる。

（津島市立西小学校　西尾寛子）

実践編

8 道徳科の授業における「役割演技」
──話し合いを重視した役割演技を取り入れて

（1） 授業者立案の想い

　小学校では平成30年度，中学校では令和元年度より教科となり，教科書が登場した道徳科。その教科書をじっくりと見てみると，様々な指導方法が随所に取り入れられていることが分かる。

　道徳科の指導方法の一つである**役割演技**は，古くからある指導方法の一つである。道徳の時間のこれまでの歴史の中で，授業に取り入れやすいように教師が工夫してきた指導方法であるとも言える。新学習指導要領においても，役割演技は「**道徳的行為に関する体験的な学習等を取り入れる工夫**」の中で取り上げられ，教科書の中にも「**演じて考えてみましょう**」といったように，役割演技で考えてみようと子どもたちに投げかけているものもある。

　役割演技というと，どのような授業をイメージされるだろうか。役割演技は，即興的に考えて自由に演じさせ，その中で沸き起こる葛藤や疑問，感情などから道徳的価値のよさや意義について追及することのできる指導方法である。「ロールプレイング」と呼ばれることもあるが，学習指導要領では，「役割演技」として示されている。演じるという点から似たようなイメージをもたれている指導方法に「ロールプレイ」があるが，これは「動作化」の訳である。動作化は，即興的にというよりは，教材に描かれている台詞をなぞって，その台詞を言われたらどう感じるかという気付きから，教材の状況を掴ませたい場合に用いられることが多いように感じる。

　道徳授業で活用される役割演技では，道徳的価値の実感的理解を促し，多面的・多角的な見方から様々な考えを交流させることができる。しかし，実際に，役割演技を取り入れた道徳授業を参観し，子どもたちの学びを確認すると，「楽しかった」「面白かった」「またやりたい」など，演技に対する感想が聞かれることが多い。これらの感想からは，道徳授業として，何が分かったのかが子どもたちに理解されておらず，演技をしたことの感想に終わってしまっていることが分かる。新学習指導要領では，役割演技の活用の目的として「単に体験的行為や活動そのものを目的として行うのではなく，授業の中に適切に取り入れ，体験的行為や活動を通じて学んだ内容からの道徳的価値の意義などについて考えを深めるようにすること」と指摘されている。これは，教育現場で道徳的価値，すなわち授業のねらいに対して，子どもたちが実感したことを言語化し，自分のものとして理解することが行われていないという課題に対しての指摘だと考えられる。ただ演じた感想を発表させたり，演じたら何かが分かるといった誤解をもったまま授業を展開したりしていることが多く，役割演技の指導方

120

法に対する誤解としてあるように思われる。

　役割演技の効果を発揮するためには，ただ演じる，または演じているのを見ているだけでなく，演じている場面（道徳的な価値に関わる具体的な場面）で起こった問題について，十分な話し合いが行われる必要がある。話し合うことで，子どもたちが実感したことを整理でき，考えが深まったり広まったりすることにつながっていく。

(2) 内容項目とねらい

　道徳授業には，他の教科と同様に授業のねらいがある。授業のねらいは，内容項目と教材の内容とで考えなければならない。内容項目は，小学校では低・中・高学年の発達段階に分かれて設定されているので,内容項目と発達の段階と教材の内容とで考えていく必要がある。そして，そのねらいを達成するために，有効な手立てであると考えられた場合に，役割演技を活用するとよい。道徳的な問題をどれだけ深く考えさせるかの視点を忘れずに，役割演技を活用していくことが大切である。

(3) 道徳の指導方法としての「役割演技」への理解

　教科書の指導書を参考にしながら，実際に，役割演技を取り入れた道徳授業を展開しようとすると，「ここはどうしたらいいのだろう」「どうすることが子どもたちのとってよいのだろう」と疑問がたくさん出てくるだろう。先に<u>役割演技の効果を発揮するためには，ただ演じる，または演じているのを見ているだけでなく，演じている場面（道徳的な価値に関わる具体的な場面）で起こった問題について，十分に話し合う必要がある</u>と指摘した。このことを踏まえ，わたしは話し合いの場を次のように設定し，話し合いの中で教師が子どもたちが実感したことを整理しながらねらいに迫っていけるように授業を行っている。ここでは，その展開の一例を紹介する。

授業の展開（例）
① 　教材を読み，発問する。
② 　演じる児童（演者）を，教師が適切に指名する。
③ 　場面設定を行う。
④ 　演者に役割演技を行わせる。
⑤ 　観客に発表させる。
⑥ 　演者に発表させる。

　話し合いでのポイントは，役割演技で子ども（演者）に自由に演じさせた後に，演じるのを観ていた子ども（観客）の考えを聞くことである。このとき，観客には，演者の顔の表情やしぐさなどを注目させながら，考えていること（演じているときに考えていただろうこと）を想像させ，発表させる。ここでは，できる限り多くの子どもの発言を引き出す。演者の行ったことを批判するのではなく，「●●していたから，●●という気持ちだったのではないだろうか」「◆◆していたから，◆◆と考えていたのではないだろうか」など，気持ちや考えを様々な視点から想像させるようにすることがポイントである。

（4）「役割演技」を取り入れる場合の教師の役割

　「役割演技」は，道徳的価値の実感的な理解の深まり（**価値の自覚**）の実現に効果のある指導方法の一つである。役割演技を取り入れる場合，教師には四つの役割（12の役目）があると考えている。他の教科等で教師が果たしてる役割もこの中に含まれている。

　その四つの役割とは，「演出者役割」「分析者役割」「発達援助者役割」「授業者役割」である。

① 「演出者役割」

　役割演技の授業者としての「演出者役割」とは，演者を選んだり，場面や状況の設定をしたりする役割である。また，役割演技の行う時間（スタートや中断の合図）の設定も行う。

② 「分析者役割」

　「分析者役割」とは，観客から情報を得るための質問を行ったり，演者に質問を行ったりする役割のことである。役割演技後の話し合いで大きくその役割を果たす。授業者が理解したことを分かりやすく観客の児童生徒に伝達したり，確認をしたりする。時には，修正などを行う場合もある。

③ 「発達援助者役割」

　「発達援助者役割」とは，授業者が，児童生徒の意見を全体に広げたり，受容，承認，共感したりすることを指す。この役割も，役割演技後の話し合いで大きくその役割を果たす。実際の授業では，受容，承認，共感するだけでなく，時には，言葉の意味があいまいになってしまった部分を明らかにしたり，意見の選択肢を与えたりしながら，児童生徒の意見を詳しく聞いていく役割も果たす。

④ 「授業者役割」

　「授業者役割」とは，授業全体を進行する司会者としての役割である。司会者として役割を果たしながら，時間配分を行ったり，児童生徒の授業に参加する意欲の向上を図ったりする役割がある。児童生徒の意見に対する受け答えや繰り返し，相槌や聞き返しなど，学級経営や他の教科の中でも教師が果たすべき役割と重なる部分が多く，役割が取りやすい部分でもある。意見を発表する児童生徒が意見を安心して発表できるようにする，**空間づくり**にもつながる。

　道徳授業に限らず，授業では，子どもたちの心の奥にある本当の声にじっくりと耳を傾け，それを実現できるように支援しながら授業を進めていくことが大切だが，道徳授業で特に何を目指していくのか（ねらいの設定），この教材から学べることは何か（教材分析），そのためにどのような展開が効果的か（授業展開，指導方法の吟味）を考えることを大切である。度々，授業者が演者となって，子どもたちの前で演じている授業を目にするが，そうしてしまうと果たすべき役割が果たせず，ねらいにせまることも難しくなってしまう。どうしても

教師が演じる必要があると判断された場合は，他の教師に依頼して演者を務めてもらうことや，教師の「演技」にならないように準備を進めていくことに留意する必要がある。

(5)「役割演技」Q&A

校内研修会や学会発表等でよく受ける質問について，Q&Aの形で紹介する。

Q1　教材のどの場面で演じさせたらよいのでしょうか？

A　演じさせる場面を考える場合，まず役割演技を通して，どんなことに気付かせていきたいのか（学ばせたいのか）検討する必要がある。このことは，授業のねらいに大きく関わってくる。こう考えると，授業で気付かせたいことが描かれている場面で演じるとよいのではないかと見当を付けることができる。教材の中心場面で演じさせることが多い。

Q2　いじめの場面を演じさせてはいけないのでしょうか？

A　役割演技を用いた授業では，先に述べたように，知識として気持ちを理解するのではなく実感的に理解をすることもできるという効果がある。そのため，役割演技をいじめの場面で用いてしまうと「いじめる側は損だ，辛い，いじめる側の方がいいではないか」と，授業を通して，いじめの傍観者を増やしてしまうことにつながりかねない。「こういう悲しい（辛い）気持ちになるんだよ」とマイナスな感情に気付かせ，いじめをやめさせたいといったように，戒めるような意味で活用するのではなく，「こういうことを考えていけば，互いに，こういう幸せな気持ちになれるんだ」というように，いじめをしないことの良さに気付かせられるようにする必要がある。演じさせる場面を考えるときの参考にもしていただきたい。

Q3　小道具は必要でしょうか？

A　私の行っている役割演技の授業では，小道具は一切使用していない。なぜなら，子どもたちに観ていてほしいことは，演じている人の表情であったり，しぐさであったりするからである。もし，小道具を使ったら，子どもたちの視線がどこに集まるのか想像してみるとどうだろうか。子どもたちの視線は，小道具に集まってしまうのである。演じている人の表情やしぐさに注目しなくなってしまう。役割演技後の話し合いは，観ていた子どもたちの指摘が，演じているだけでは気付くことができない「願い」や「葛藤」，「迷い」といった心の中の思いに気付かせてくれる。だからこそ，役割演技を活用する意味がある。

Q4　うまくいかせるためのポイントは，なんでしょうか？

A　効果を発揮するためには，ただ演じる，または演じているのを見ているだけでなく，演

じている場面(道徳的な価値に関わる具体的な場面)で起こった問題について，十分に話し合う必要がある。ポイントは，役割演技で教師が選んだ子どもたちに自由に演じさせた後に，演じるのを観ていた子どもたちの考えを聞くことである。このとき，観ていた子どもたちには，演者の顔の表情やしぐさなどに注目させながら，考えていること(演じているときに考えていただろうこと)を想像させ，発表させる。ここで，多くの子どもたちの意見を引き出したい。

(6) 授業実践例

　最後に，「金のおの」(小学校低学年)と「うばわれた自由」(小学校高学年)の二つの授業の実践例を紹介する。

①　教材「金のおの」(教育出版)を活用した授業　〔内容項目：正直，誠実〕

あらすじ

　ある日，正直なきこりが沼の近くで木を切っていると斧が手から滑って沼に落ちてしまう。そこに，沼から女神さまが現れる。女神さまは，金と銀の斧を持って現れるが，正直なきこりは自分の物ではないことを伝える。すると，女神さまから金と銀の両方の斧が与えられた。その話を耳にした欲張りな木こりが，わざと沼に自分の斧を落とすと，女神さまが金の斧を持って現れた。しかし，それを自分の斧だと嘘をついたため，女神さまは沼に沈み，自分の斧さえもなくなってしまう。

ねらい
　嘘をつくことは，自分が大切にしているものまでも失ってしまうことや，正直に生活したり，相手に対して誠実に行動したりすることは，自分も相手もすがすがしい気持ちでいられることに気付かせることを通して，嘘をついたりごまかしをしたりしないで，素直にのびのびと生活しようとする心情を育てる。

ア　授業の実際

　導入で授業のねらいを確認した後，教材を範読した。そして，正直な木こりの話を聞いた欲張りな木こりが，自分勝手な思いから自分の斧をわざと沼に投げ入れて，得をしようとしている状況を確認するため，**発問①**「欲張りな木こりは沼に自分の斧を投げ入れながら，どんなことを考えていたでしょう。」と発問する。

　次に，**発問②**「女神さまが黙って沼に沈んでいくのを見て，欲張りな木こりは，どんなことを考えていたでしょう。」と問い，欲張りな木こりのとった行動は，女神さまの信頼を失ったばかりでなく，自分の大切にしているものまでも失ってしまうことに気付かせる。

　その後，欲張りな木こりが女神さまのいる沼に行った場面に戻して，「欲張りな木こりと，女神さまを演じてみましょう。」と投げかけ，演じる子ども(演者)を二名指名し，子どもが演じたい木こりと女神さまを演じさせる。

イ 教材「金のおの」における役割演技後の話し合いのポイント

演じた後の話し合いでは，「嘘をつくことは，自分が大切にしているものまでも失ってしまう」「正直に生活したり，相手に対して誠実に行動したりすることは，自分も相手もすがすがしい気持ちでいられる」ことに気付いている観客と演者の発言に注目し，話し合いを整理していくとよい。話し合いを整理した板書は，右の写真の通りである。

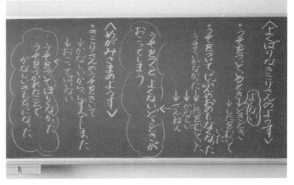

写真1 話し合いを整理した板書（1）

② 教材「うばわれた自由」（文部科学省）を活用した授業 〔内容項目：自主，自律，自由と責任〕

あらすじ

国の決まりを破って勝手気ままに森で狩りをするジェラール王子を，とがめ捕らえようとする森の番人ガリュー。しかしガリューは，権力をかさにジェラール王子に逆に捕らえられ，牢に入れられてしまう。後に王が亡くなり，ジェラールが国王になるが，わがままがひどくなり，それが原因で国は乱れる。ついに，ジェラール王は裏切りにあい，囚われの身になってしまう。暗い洞窟に作られた牢屋でガリューに再会したジェラールは，自らのこれまでの行為を反省し，はらはらと涙を流す。

ねらい

自由とは「自分が正しいと信じる（判断する）ことに従って主体的に行動する」ことであり，だからこそ「善悪の判断」と共に「責任」と「自律」が求められるのであることに気付かせることを通して，自由を大切にし，自律的に判断し，責任のある行動をしようとする判断力を育てる。

ア 授業の実際

導入で授業のねらいを確認した後，教材を範読する。そして，森の番人としての役割と責任について考えさせるため，**発問①**「ガリューは，殺されるかもしれないと思ったのにも関わらず，必死になってジェラール王子に訴えかけたのはなぜでしょう。」と問う。

次に，**発問②**「牢屋に入れられてしまったガリューは，どんなことを考えたでしょう。」と問い，孤独な牢屋の中で，事件について回想しながらも，後悔の念はないことに気付かせる。

その後，ジェラール王も牢屋に入れられた場面で，**発問③**「ガリューは，牢屋でジェラール王の言葉を聞いて，どんなことを思ったでしょう。」と問い，ようやくジェラール王が自分がした行為に後悔の念を抱いていることを確認する。最後に「ジェラールとガリューが共に牢屋を出ることが出来，再会した場面を演じてみましょう。」と投げかけ，演じる子ども

（演者）を二名指名し，子どもが演じたいジェラールとガリューを演じさせる。

イ　教材「うばわれた自由」における役割演技後の話し合いのポイント

　演じた後の話し合いでは，次のような発言があった。

- ● 自由と自分勝手を取り違えてしまうと，自分や自分を取り囲む周りの人がつらい思いをする
- ● 自由に伴う責任の大きさを考え，判断し行動することは自分自身の自由も得られることにつながる

　これらのことに気付いている観客と演者の発言に注目し，話し合いを整理していくとよい。

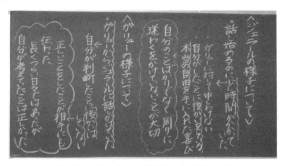

写真2　話し合いを整理した板書（2）

（名古屋市立小坂小学校　北川沙織）

特別研究編

特別研究

教師の一人称映像と注視点に着目した授業研究

(1) 授業をビデオに撮ろう

　大学の教職課程の講義で学生に模擬授業をしてもらうと，準備不足なのか，指導案から目を離せない学生もいれば，塾講師の経験があるのか，児童・生徒役の学生と上手にコミュニケーションを取れる学生もいる。模擬授業の様子をビデオに撮影して，教師役，児童・生徒役の学生で見て，次回の模擬授業への改善点を話し合う。これは授業の映像記録を利用した授業研究の入口である。

　映像記録からは子どもや教師の発言などの言語化された発言だけでなく，文字記録では表現しにくい，教師や子どもの表情，身ぶりなどの非言語情報もたくさん読み取ることができる。授業中には気づかなかった自分の動きや子どもの表情を確認することができる。実際に教師になってからも，自分の授業をビデオに撮ることを続けていってもらいたい。最近では特別な機材を用意しなくてもスマートホンで気軽にビデオ撮影ができる。子どものプライバシーに十分に配慮した上で大いに活用してほしい。

　本章では映像記録を利用した授業研究の発展的な一例として，われわれの研究グループで取り組んでいる，教師の一人称視点の映像と注視点を活用した授業研究を紹介したい。一人称視点映像とは，テレビや映画では主観ショットともいい，登場人物の視線をカメラで撮る技法である。登場人物が見ている臨場感のある映像を視聴者に見せることにより，登場人物への感情移入を促す手法であり，テレビゲームでもよく使われている。

(2) 教師の視線を記録し分析する

　教師が見ている映像，注意を向けている視点を手がかりに，教師が授業中に意識的または無意識に何をどのように見ているかを詳細に記録し，教師の行動を撮影した三人称映像や発言記録とあわせて分析すれば，その教師の授業実践能力の特徴をつかむことができるのではないかと考えた。

　教師はどのように一人前の教師になっていくのであろうか。われわれは教師の授業実践能力という面に着目し，教師の成長が授業にどのように表れるか，授業をビデオに撮影し分析を行ってきた。2013年度からは授業の映像記録にアイトラッキングカメラを導入し，教師の一人称視点映像と注視点に着目した研究を行っている。アイトラッキングカメラを使うと，教師の視野の映像（以下一人称映像という）と教師の注目箇所（眼球の動きが一時的に止まる，以下注視点という）を記録することができる。教師にこのアイトラッキングカメラを装

着してもらい，授業中に教師が何をどう見ているかを記録・分析を行うのである。例えば熟練教師は授業中，何をどんなふうに見ているかを記録・分析することで，「よい授業」ができているときはどのような視線行動が見られるのか，「授業が上手い」ということはどういうことなのか明らかにできないか，逆にどういうことができれば授業の上達につながるのか，より具体的に解明できるのではないかと考えて研究を進めている。

写真1は視線を記録できる眼鏡型のアイトラッキングカメラを装着した様子で，写真2はアイトラッキングカメラで得られる一人称映像の静止画である。注視点を示す〇が見られる。

写真1　アイトラッキングカメラを装着した様子

写真2　アイトラッキングカメラの映像（中央部の〇が注視点）

(3) 事例紹介

この研究のこれまでの取り組みから4つの事例を紹介したい。

【CASE 1】ヒートマップの比較

教師の視線が視界の中のどの辺に集中しているかを視覚化したのがヒートマップである。色の濃い場所に視線が集中し，薄い場所には視線がいかなかったことを示している。図1は2名の教師の授業と4名の教職課程履修生（大学3年生）の模擬授業のヒートマップである。6つのヒートマップからどんなことがわかるだろうか。

左側のS教授，小学校教諭のヒートマップと教職課程履修生AとBのヒートマップを比較してほしい。AとBは視線の集中している箇所が中央部以外に下方にもあることがわかる。つまり視線が下に落ち何かを注視している時間が長いことがわかる。自分や他の学生が模擬授業をしているときの様子を思い出し，視線を落として何を見ていたか考えてみよう。

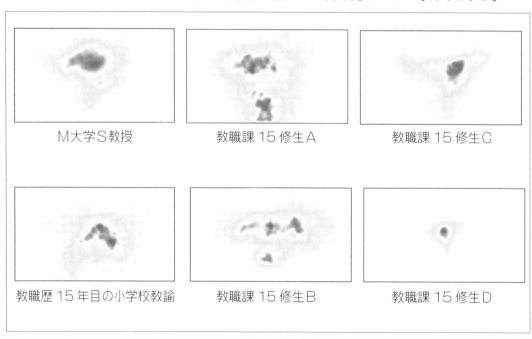

M大学S教授　　　　教職課15修生A　　　　教職課15修生C

教職歴15年目の小学校教諭　　教職課15修生B　　　　教職課15修生D

図1　視線分布の比較

【CASE 2】教職経験と視線の動き

次に，A県C小学校の教職歴に大きな差のある2人の教師の授業の比較事例を紹介する。Y教諭（教職歴17年目）とA教諭（初任教師）に同一の学年，教科，単元，学習指導案でそれぞれの担任するクラスに授業をしてもらい，教師の教授行動とアイトラッキングカメラで得られた注視点の動きとの関連について比較分析を行った。

130

　小学校2年生の国語「ごんぎつね」の授業である。指導案はY教諭がA教諭と相談し作成した。分析を行ったのは，音読のあと授業の展開部分で，主人公のキツネごんの発した言葉とその時の気持ちについて意見を出し合う場面7分間程度である。教師の教授行動の「説明・発問」，「指名・応答」，「机間指導」に着目し，それぞれの行動中の注視点のパターンを可視化し，比較検討を行った。説明と発問を同じ項目にしたのは，A教諭の教授行動が発問と説明を同時に行うことが何度もあったためである。

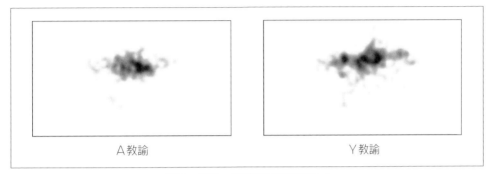

図2　指名・応答時の視線の動き

図3　机間巡視時の視線の動き

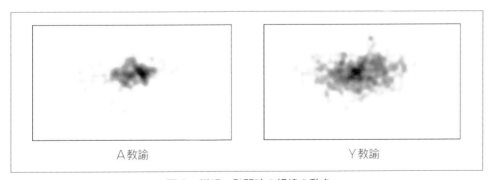

図4　説明・発問時の視線の動き

　図2から図4がそれぞれの教授行動毎のヒートマップである。左側がA教諭，右側がY教諭である。一見してわかるのが説明・発問時の2人のヒートマップの違いである。Y教諭

の方が視線がより広がっていることがわかる。F 検定というデータの分散の程度を調べる統計手法で計算したところ，以下のことがわかった。

指名・応答時には，Y 教諭の視線は A 教諭の視線よりも横方向に広く分布していたが，縦方向は有意差がなかった。説明・発問時には，Y 教諭の視線は A 教諭の視線よりも横方向（大）に広く分布していた。縦方向は有意差はあるもののわずかであった。机間指導時には，Y 教諭の視線は A 教諭の視線よりも横方向，縦方向（大）ともに広く分布していた。

机間指導時の差は，二人の教師の身重さが影響していると考えられるが，説明・発問時，指名・応答時の差は何が原因だろうか。もし，一般的に熟練教師の注視点は初任教師と比較して広く分布している傾向があるとすると，熟練教師は初任教師と比較して説明・発問時には説明や発問をしながら，子どもの反応を広く探ろうとし，指名・応答時には指名した子どもを見ながら対応するだけでなく，同時に他の子どもの様子をつかもうと視線を動かすことがよりできているといえる可能性がある。まだ多くの事例を分析できているわけではないので，更に事例を積み上げていきたい。

【CASE 3】 初任教師の同一指導案の 2 回の授業

A 県 B 中学校の教職歴 1 年目の理科の教師 I 教諭の授業の例を紹介する。中学校では教科担任制なので，教師はたいてい複数のクラスで同じ指導案で授業をすることになる。しかし，担任を持っているクラス，そうでないクラス，1 時間目の授業，午後からの授業など全く同じ条件で授業ができるわけではない。

2 回目の授業では 1 回目の授業で思ったようにいかなかったことを修正して臨むことになる。もちろん思ったようにいかなかったことが，かえってよい結果を生むこともある。発問・説明・指示・提示などは適当であったか，内容の理解は進んだか，多すぎなかったか，教師は自問自答し，場合よっては指導案を大幅に変更することもあるかもしれない。

I 教諭への事前のヒアリングでは，B 組の方が A 組より授業がやりやすい，大学時代の専門は生物分野であり，この単元は生物分野ほどの自信があるわけではないとのことだった。1 時限に B 組の授業が終わったあと，筆者らと簡単な授業検討会を行った。生徒の指名の仕方，教材の理解などいくつかのアドバイスをし，次の 3 時限の A 組の授業にのぞんだ。3 時限の授業は 1 時限と比較して，指名とそれに対する子どもの応答がテンポよく進んだだけでなく，笑いが起こるなどよい雰囲気で授業が進んだ。授業後の I 教諭へのインタビューでもそれが確認できた。

授業の導入部分で，教師と生徒のやりとりが比較的活発な時間帯から約 10 分間を選んで，教授行動を説明，指名と応答，発問の 3 つのカテゴリーで分け，それぞれの視線を分析し特徴の抽出を行った。その結果を数値化したものが表 1 である。表 1 から読み取れるのは，説明，発問，指名などのいずれの教授行動にかけた時間が増えていること，そしてその間の

注視データ		平均		分散	
教授行動と時限	時間（秒）	X	Y	X	Y
説明（1時限）	79.7	941.2	611.6	142293.5	41623.2
説明（3時限）	99.4	1010.9	750.3	101231.3	31673.0
指名応答（1時限）	15.3	992.2	530.0	66897.1	47939.0
指名応答（3時限）	25.2	985.0	601.0	37781.5	27827.7
発問（1時限）	15.5	904.2	586.3	93737.2	46738.4
発問（3時限）	27.4	946.6	620.6	41011.2	28764.7

表1　教授行動と1時限と3時限の比較

視線の動きが減っている，つまり注視時間が増加していること，また，アイトラッキングカメラで得られた教師の一人称映像からは，注視の対象となっているのは子どもの顔などであることが確認できた。

　なぜ4時限目の授業では子どもへの注視時間が増えたのだろうか。2回目の授業で余裕を持てたことに加えて，アドバイスを意識して授業にのぞんだことが，子どもとのコミュニケーションの一つの形である注視時間の増加につながっているのではないかと考えている。また，インタビューによると教師自身の授業改善の満足度も高く，このようにアドバイスを受けた後に時間をおかず授業で実践することが有用であることを示している。

【CASE 4】身近な教師の「授業」を追体験する

　4つ目の事例は，大学で受けた講義のS教授の一人称視点の映像記録を視聴することである。S教授の講義は，学生の講義満足度アンケートで何度も満点を取るほど，学生に人気の講義である。S教授の講義に対して，「安心して講義を受けられる」，「授業に自分の居場所がある」など講義を楽しみにしている学生は多い。

　われわれはS教授の人気の秘密を，S教授の講義中の行動から探ろうとアイトラッキングカメラを装着してもらいS教授の行動を分析した。教室の端の学生から反対の端の学生までまんべんなく注がれる視線，学生の発言に対して首を縦に大きく振る少し大げさなくらいのうなずき，「○○さんのグループではどんな意見が出ましたか？」，「○○さん，どうもありがとう，○○さんに拍手」など指名した学生の名前を何度も呼ぶなど，学生とのつながりを意識した行動が観察できた。

　こうした行動がよくわかるシーンをいくつか選択し，筆者らが担当する教職課程の講義で学生に視聴させた。講義後のリアクションペーパーにS教授の一人称映像を視聴した感想を記述してもらい整理分析を行った。学生の記述の一部を列挙すると，KR（大きなうなず

き，復唱など）が確認できる，学生全員に視線を向けている（視野が広い），学生の様子の観察・声掛け，視線の配り方の大切さ，学生の名前を呼ぶ・顔を覚える，自然にやっているように見える，学生が発言しやすい環境作りなどがあげられていた。

更に，S先生から盗み（学び）たい，自分をさらに磨いていきたいという抱負を持つに至った学生もいた。このように，身近なすぐれた教師の一人称映像を視聴することは，自ら受けた授業体験と照合しながら，教師の教授行動の意味の重要性に気づき，授業を受ける側から授業者の視点への転換に大いに役立ったといえる。

(4)　今後の課題

われわれの研究グループでは，複数名の教師について，学生，初任教員の頃から数年にわたってアイトラッキングカメラを使った教師の一人称映像授業の記録を続けている。初任教師は成長のスピードが速く，授業の収録の際に目にするのは，1年目，2年目，3年目と着実に授業者として成長している姿である。授業中のどのような行動の変化からそのように感じられるのか，教師の成長という観点からも引き続き記録と分析を行っていきたい。

また，従来型の教科以上に，道徳の授業づくりでは，教材（読み等）を個々の児童・生徒がどのように向き合っているか，そして，発問に対しての反応（表情，しぐさ，うなづき等）及び児童・生徒発言（行動）に他の児童・生徒の反応を教師がどのように捉えていたが，重要となる。こういった面でも教師の一人称映像と注視点を記録した授業映像記録の利活用が重要であると考え，道徳の授業の収録を重点的に行っている。

さらに，これまでは教師の一人称映像と注視点に着目してきたが，さらに発展させ授業観察者の視点や学習者の視点の記録と分析についても検討を進めていきたい。

（名古屋大学　後藤明史）

3

シンポジウム報告

激論
道徳をどう教えるか

シンポジウム報告「激論　道徳をどう教えるか」
—教材「泣いた赤鬼」の授業を通して考える—

第7回MSAT授業実践交流フォーラム
2019年1月6日　名城大学ナゴヤドーム前キャンパス

【参加者】

■ コーディネーター　　浅井　厚視（津島市立南小学校長）

■ 基調提案者　　　　　竹内　稔博（東浦町立東浦中学校主幹教諭）

　　　　　　　　　　　岡田　幸博（津島市立西小学校主幹教諭）

　　　　　　　　　　　北川　沙織（名古屋市立小坂小学校教務主任）

■ シンポジスト　　　　百々　進祐（愛西市立佐屋西小学校教諭）

　　　　　　　　　　　青木　翔生（津島市立南小学校教諭）

　　　　　　　　　　　田中　真人（名古屋市立橘小学校教諭）

　　　　　　　　　　　長谷川よしよ（保護者・地域代表）

■ 指定討論者　　　　　中村　浩二（授業アドバイザー，前東浦町立片葩小学校長）

　　　　　　　　　　　平山　　勉（名城大学教職センター准教授）

※所属・役職名等はシンポジウム当時のもの

基調提案

浅井　フォーラムに参加してくださり，ありがとうございます。特別の教科道徳とどうのように向き合い，授業をどう進めていくかについて考えていきたいと思っています。

　まず基調提案ということで，3人の方に，自分なら教材「泣いた赤鬼」をどのように，どんなねらいをもって，どの場面を重点に取り上げて授業を作っていくかの提案をしていただきます。

　初めに，竹内稔博先生に，小学校で授業を行う場合の提案をしていただきます。

竹内　「泣いた赤鬼」。ねらいは友情・信頼です。

　人ってどんな時に涙を流しますか。

参加者①　うれしかったとき。

竹内　うれしかったときね。

参加者②　つらかったとき。

竹内　つらいとき。確かに。

参加者③　悲しいとき。

竹内　悲しいとき。

参加者④　痛かったとき。

竹内　痛かったとき。そう，君は痛いときがあっ

たんだ。

　ここままでが導入です。導入はさくっといきます。

　今日は，ある鬼が涙を流したお話を読みます。

> 青鬼がやってきて，人々をいじめる。赤鬼が青鬼をボコボコと段って，青鬼が逃げて行った。そのおかげで，赤鬼は人間の友達ができた。人間の友達ができた赤鬼はどんな気持ちだったでしょう。

参加者⑤　うれしい。

竹内　何がうれしかったのかな。

参加者⑤　人間の友達ができたこと。

竹内　ずっと友達になりたくて，そして友達になれたもんね。

参加者⑥　うれしい。

竹内　どんなふうにうれしいのかな。というふうに軽く問い返してあげればいいんです。言葉の少ない小学校3年生の場合は，「どんなふうにうれしいの？　もうちょっと詳しく教えて」って聞きます。

参加者⑥　ずっと人間と友達になりたいと思っていて，友達にやっとなれた。

竹内　やっとなれたね。夢がかなったって感じだね。

参加者⑦　友達になれてうれしいので，これからも仲良くやっていきたい。

竹内　これからもね，ずっとね，仲良くなっていきたい。隣の先生いかがでしょう。

参加者⑧ 青鬼君ありがとう。

竹内 なるほどね。そう思ったね。こんな風に聞ければいいんです。

> でも、青鬼が来なくなったので、どうしたのかなって、青鬼のおうちに行きました。そうしたら、立て札に何か書いてありました。その立て札を二度も三度も読んで、しくしくと涙を流している赤鬼は、どんなことを考えたでしょう。30秒くらい隣の人と意見交換してみましょう。ではどうぞ。

こういう風に、ペアとの対話はちょこっと入れるといいですよ。

次の先生、いかがでしょう。

参加者⑨ 悲しい気持ち。

竹内 なんで悲しい気持ち?

参加者⑨ 青鬼君が旅に出ちゃって、もう会えない。

竹内 青鬼にもう会えなくて、悲しいなあってね、なるほど。

参加者⑩ 後悔をしてしまったという気持ちがあると思います。

竹内 おお、どういう後悔?

参加者⑩ 青鬼は仲の良い友達なのに、たくさん気を使わせて、結局協力してもらったあげく、最後は自分からいなくなって、自分の大事な友達を旅立たせて失ってしまった。

竹内 後悔したんだ。ここでは、子どもの意見をあえてリピートしています。意図的、戦略的に。

参加者⑪ 悲しい気持ち。

竹内 どうして悲しいの?

参加者⑪ 青鬼が旅に出ちゃって、もう会えないから。

竹内 ああ悲しいね。

参加者⑫ 人間よりも大事な自分の青鬼という友達を失ってしまって、人間という友達を手に入れたけど、もっと大事なものを失ってしまったんじゃないかな、という感じです。

竹内 ああ、青鬼との友達関係と人間との友達関係では、青鬼との関係のほうが深い?

参加者⑫ 深いと思います。

竹内 今、何を考えているか分かりますか。この授業者が。「よくぞ言ってくれた。この意見を掴んでこの後展開しよう」って瞬時に考えています。道徳の授業は常に授業を再構築していく必要があります。子どもの意見を受けながら、瞬時にやっていくのです。

「ほかに何か言ってくれる人いますか?」これは、このように言いながら、頭の中整理しているんです。この後どうしようかなって。

> 赤鬼は、青鬼という友達を失った。「こんなことをさせて申し訳なかった」って言ってるけどさ、

青鬼は逆に、赤鬼のことをどう思っているんだろうね。〔切り返し発問〕

参加者⑬ 赤鬼君、幸せになってね。

竹内 おお、もう少し、それどういうこと。幸せになってねってどういうこと。

参加者⑬ 赤鬼君は、ずっと人間と友達になりたいと言ってたから、その願いが叶えられて良かったなって。

竹内 良かったねって。

参加者⑭ やはり青鬼君がそういった行動がとれたのは、赤鬼君のことが友達として本当に大好きだから、自分を犠牲にしてでも、幸せになってはしかったんだなってことだと思いました。

竹内 もう1回言って。

これね、聞こえてるんです。聞こえているんですけど、あえて言わせています。

参加者⑭ 青鬼君は、赤鬼君が大好きだから、そういう行動がとれる。やはり、赤鬼君に幸せになってほしかったんだと思う。

竹内 ほおう。赤鬼は、青鬼がこういうふうに思っているよっていうことを理解していると思う? 青鬼は、「赤鬼君が大好きだよ。赤鬼君幸せになってね。人間と友達になれてよかったね」って思っていると赤鬼は理解しているかな? ちょっと隣同士でしゃべってみて。

竹内 はい、ありがとうございます。どなたか、ちょっとしゃべってもらえますか?

参加者⑮ 赤鬼は、青鬼のそういう気持ちが分かったんじゃないかなと思います。

竹内 どうして?

参加者⑮ 青鬼が、自分のことを考えてそうやって行動してくれたっていうのが分かったからすごく悲しいし、寂しいし、後悔したんじゃないかなと思います。

竹内 ああ、こういうことが分かったから、二度も三度も読んで、しくしくと涙を流したんだ。この「しくしくと」とか「二度も三度」というのが、中村浩二先生(※指定討論者)のお話でよく聞くキーワードです。ここで使うんですよ。ある意見を受けて、「だから二度も三度も読んで、しくしくと泣いたんだね」というように……。ほかの意見はありますか?

参加者⑯ はい、やはり赤鬼は青鬼の友達なんで、青鬼が自分のことを思ってくれているからこそ泣けてくるし、だからありがとうっていう涙と、ごめんねっていう涙が入り混じっているんだと思います。

竹内 おお、レベルアップしたねぇ。この後に、「しくしくと泣いたとある。この涙の意味は?」って聞こうと思っていました。これは価値の把握の段階でそのまま収束に向かうための発問でした。今の人が言ってくれましたが、「この涙ってどうい

137

う意味だったんだろうね？」って掴んで、そのまま深めればいいのです。

最後は、収束に向かって、「感じたことを書きましょう」とか、「赤鬼は青鬼のこういう気持ちを理解しているし、青鬼は赤鬼のことをとことん思ってる。こういう友情のことをどう思う？」と問います。

今までの模擬授業について、簡単に解説します。

最初、子どもは、「やったあ、うれしい、ありがとう青鬼君。俺、人間と友達になれたよ」と感じていますが、立札を見つける。この立札が「助言者」と言われるものです。その助言者を見てしくしくと泣きました。ここで心情が変わっているじゃないですか。この場面を使うのが、中心発問の作り方のポイントです。

そして、道徳の授業では、やはり「ねらい」が一番大切です。学習指導要領の解説に書いてあるねらいに「友達のことを理解し」という言葉がありますが、今回は「友達の身になって考え、友達のことを理解する」ということを押さえる授業にしてあります。

以上です。

浅井 思わず竹内先生の授業の世界にどっぷりと入ってしまったぐらい良かったのではないでしょうか。その中に道徳の授業の細かいテクニックがいっぱい入っていました。

この次の岡田先生には、同じ題材を中学校でどう料理するかという話をしていただきます。

岡田 私からは、授業づくりについて、発問や授業の構想の話をさせていただきます。

中学生になると、認識の広がりとか、自我の広がりとか、ある意味で批判的というか、様々な視点をもてるようになってきます。例えば、赤鬼が涙する場面について、実際に中学生に言われたことなんですが、「先生、あの話ひどいよ」。「え、ひどいの？　なんでひどいの？」と聞いたら、その子に「だって、赤鬼はこれからずっと青鬼の犠牲の上で幸せに生きていかないといけない。これめちゃめちゃ残酷じゃない？」と言われました。

もちろん、赤鬼は幸せに暮らしたかもしれませんが、この話では青鬼が犠牲になっている。あれは、赤鬼にとって幸せな、友の助けになっていただろうか。小学生の見方と中学生の見方は違います。どっちの意見がいいとか悪いとかというわけではない。一つの出来事を見たときに、自分の体験や認識によって捉え方というのが、やはり人それぞれで違う。

では、道徳科の授業では何を大事にしたいのか。私が日ごろから思っているのは、いわゆる「納得解」、自分が納得できる答えを議論や話し合いの中で見つけていこうとすること。これが授業の中では一番面白い、楽しい、勉強になる部分じゃない

かということです。その納得解を、先ほど竹内稔博先生が言われた「対話」を手段にして見つけて行く。

いろんな対話の種類が出てたと思うのですが、**自己内対話**。それから、**他者との対話**。そして、**資料との対話**。

中学生もしくは大人に近づいた人間になればなるほど、やはり嘘がつけるんですね。思っていないのにしゃべれるんです。逆にいうと、思っていないのにしゃべれないと、社会生活は営めない。逆に小さい子であればあるほど素直にしゃべっちゃうかもしれない。

道徳の時間の中での「話す」ということは大切な言語活動なんですが、国語と決定的に違うところは、道徳科の授業では「語る」ことを目指しているところです。だから、「語る」という字のとおり、「吾」のことを「言える」ような雰囲気が必要で、自分が語っていける1時間になっていれば、語っていく中で自分の中の「納得解」を見つけていけるわけです。

それは、年齢によっても変わります。15歳の時に見つけた納得解、30歳の時、それから子どもができた時の納得解、いよいよ老年期に差しかかる60歳における納得解、これ違いますね。私のように教職20年目のおじさんが、「泣いた赤鬼」を読んで、子どもたちの意見を聞くことで、「ああやっぱり」って思える。この納得解、自分なりの解を見つけれたこの瞬間が面白いんですね。

では、具体的に「泣いた赤鬼」を使ってどう授業を進めていくかというところを話していきます。

この絵の鬼を見てください。（最初の場面の絵を見せる。）二人で本気を出せば後ろから羽交い締めにして倒せそうじゃないですか。そして、この村人の顔を見てください。本当に怖くて逃げようとしている時は、下の村人みたいに逃げると思うんですけど、上の村人見ると、「にーげろー」って言ってから逃げてますよね。「鬼」というだけで仲間外れにするこの村人の人権意識を皆さんはどう思いますか。これがそもそもの「泣いた赤鬼」というものが内包しているテーマです。これがなかったらそもそも道徳的な事件は起こらないわけですが、そこのところを直接問うことが、中学校なんかはできるんじゃないでしょうか。

実際の授業である男の子は、立ち上がって、「人類の歴史、有史以来、差別というものはしょうがない。どんな国でも、どんな地域でも、肌の色が違うとか、見た目が違うというのは、もう感情の部分で拒絶してしまうので、いわゆる差別偏見、不公平は仕方ない」と言いました。逆にある女の子は、「先生、これ鬼の努力が足らんよ」と言いました。「えっ、なんでですか？」「赤いけど、塗りゃいいじゃん。頭も、ストレートパーマかけりゃい

いじゃん。つまり、見た目を変えようと努力しないのに、人に公平公正を求める。それはだめだ」って言っているのです。この部分を発問で問うたときに、どんな答えが返ってくるのか。最初、自分で思っていた答えってありますよね。それを議論していく中で自分の納得解としてどう作りかえるか。この作業をすることが、道徳科の授業で大切なことだと私は思っています。

その納得解を自分で形作っていこうとするときにまず授業者が注意するといいと思うことは、新しい学習指導要領解説でよく言われている「多面的・多角的に考える」ということです。多面的に考えるような対話がその授業の中で行われているかどうか、行われるような仕掛けや切り返し含めた発問を考えたり、そういう教師側の引き上げというかアプローチができるかどうかということです。

「多面的」を思いやりで考えると、「優しさ」という道徳的価値をサイコロのように上の目から見たらどうか。その人にとっての優しさは「手を差し伸べる優しさ」かもしれない。でも、反対側の面から見てみると、手を差し伸べる優しさ以外に、「叱る優しさ」もある。助けるどころか「こらっ！そのまま泣いているだけでいいのか！」という優しさかもしれない。別の面から考えてみると、「見守る優しさ」もある。何も言わず、あえて見守る優しさ。一つの道徳的価値に対して、どういう面からとらえるのか。それを対話の中でどんどん引き出していく。サイコロの六つの面の優しさがある。その中で、この時は自分はこうやって考えるなっていう自分の納得解を見つけていく。

次に、「多角的」という観点です。今度は、「角度」です。子どもの角度から。親になった角度から。男性の角度から。女性の角度から。日本人という角度から、アメリカ人という角度からなど、いろいろな角度から考えていくこと。

発問をした後に話し合いのゴールがどこに向かっているかということを多くの教師が悩みます。「達成したねらい」というのは、指導案上のねらいのことなんですけども、その内容を児童生徒に当てはめたときに、どれだけ達成できているかというのは、最終的には子ども自身が決めることです。その子自身が感想なり発言なりで、「ああ先生、分かった！」と。「ああ、分かったんだ。すごいじゃん。何がわかったの？」「何が分かったかっていうと、優しさっていうのは、自分はこう思っていたんだけど、いろんな友達の意見を聞いて、こうだと思った」再発見です。分かっていたと思うことを「改めて分かる」という楽しさ、喜びですね。

これが納得解です。それが、道徳科の授業における学びであり、楽しさです。

私のほうからは以上です。

浅井 道徳の授業の本質的なねらいが納得解にあるという話から始まり、同じ題材を使っても中学生なら「泣いた赤鬼」がもっているテーマのところまで進めれるのではないかというお話でした。

それでは、次は北川先生に役割演技を中心にした道徳の授業展開の話をしていただきます。

北川 「泣いた赤鬼」を教材に、『役割演技』を通して考える授業について、皆さんと一緒に考えてみたいと思います。

授業を行うために大切にしていることが四つあります。①が**価値観**。ねらいとするところ、価値についてです。②が**教材観**。その教材が持つ価値について。そして③は、**児童生徒観**。教材と児童とのかかわりについてです。④が**指導観**。どのように指導していくかということです。この四つを基本として、授業の準備を行います。

今日は、「泣いた赤鬼」の授業を行う場合、この①から④でどんな準備をしているのかということを紹介していきます。対象児童は、小学校4年生です。

まずこの教材「泣いた赤鬼」の内容項目を把握します。授業づくりでは、道徳的価値についての理解が欠かせないポイントです。内容項目の把握は、「学習指導要領解説特別の教科道徳」をしっかりと読み込んで行います。この「泣いた赤鬼」という教材でねらっている道徳的価値は、「友情、信頼」だと教科書に書かれているので、それについて調べていきます。教科になりましたので、教科書で指定されているわけです。これを変えたいときには、一定の手続きはもちろん、未履修の問題への対応を含み、きちんと対応していかなければいけません。少なくとも一個人の教員の判断では、難しい問題となってきていると思います。

学習指導要領解説を見てみますと、内容項目の概要や、指導の要点などが書かれています。低学年、中学年、高学年、中学校と子どもの発達段階に分けて書かれているので、ここをしっかりと読みます。

そして、次に、**教材の分析**を行います。「この教材にはどのような道徳的価値に根差した問題が書かれているのだろうか」、そして、「道徳の授業として道徳的判断力、心情、実践意欲と態度のどれをねらいに設定できるのか」ということを把握します。ちなみに、道徳的価値に根差した問題というのは、特別な教科道徳の「指導方法、評価等についての報告」の中で、「例えば、道徳的諸価値が実現していないことに起因する問題や、道徳的諸価値について理解が不十分、または誤解していることから生じる問題や、道徳的諸価値のことは理解しているが、それを実現しようとする自分とそ

うできない自分との葛藤から生じる問題や、複数の道徳的価値の間の対立から生じる問題など」というように挙げられています。「泣いた赤鬼」の場合、おそらく道徳的諸価値、（ここでは友情、信頼）についての理解が不十分であったり、誤解していたりすることから生じる問題について取り上げられているのではないかと考えました。

そして、この教材に描かれている登場人物はどんな姿なのかということや、この教材からどんなことが気付かせられるのかということ、どんな授業ができるのかということを考えます。今回は、ねらいを「赤鬼の幸せを願い、希望をかなえてあげることが友達としての姿であると考えて、赤鬼のもとを去った青鬼の存在に気付いた赤鬼の姿を通して、自己中心的な思いから、友達の犠牲にして人間たちと過ごすことよりも、互いのことを思いあって友達を過ごすことのほうが、ずっと明るい気持ちで過ごすことができることに気付かせ、友達として相手を大切にしていこうとする道徳的心情を育てる」と設定しました。

このようにねらいを考えた上で、次に、このねらいに迫るための発問計画や、指導方法の検討を行います。

指導方法の一つとして、「**役割演技**」が道徳的行為に関する体験的な学習の一つとして注目されており、各社の教科書の中でも取り上げられています。役割演技に期待される効果は、劇がうまくなることではありません。授業がにぎわうことでもありません。役割演技で期待されるのは、「**共感性、役割取得能力、相手の立場に立って物事を考える能力**」の高まりです。「向社会的道徳判断」、つまり「思いやり」の心です。さらには、相互理解が深まるなど、数々の研究からその効果は明らかにされています。この役割演技は、昭和33年に道徳の時間が始まった時から取り上げられている歴史の深い指導方法なのです。

発問構成を紹介します。最初の導入では「皆さんにとって友達ってどんな人ですか？」という発問をします。それから資料を読みながら、「赤鬼はどんな気持ちで立て札を見つけているのでしょう？」「赤鬼はどんな気持ちで村で暴れる青鬼の頭をポカポカ殴っているのでしょう？」「人間の仲間になれた赤鬼はどんな気持ちでいるのでしょう？」「青鬼の手紙を読んでしくしくと涙を流している赤鬼はどんなことを思ったのでしょう？」という発問をして、子どもたちと会話していきます。

この後「赤鬼さんはどうしたのでしょう？」と問い、**役割演技**をして、授業を終わります。

ここで役割演技について、もう少し踏み込んだ話をしたいと思います。学校現場では、役割演技について、単に体験的行為の練習をして訓練するといったような、活動そのものが目的であると誤解している授業者も少なくなく、道徳的価値の意義や意味について吟味できるように取り入れられていない場合が多く見られます。その原因として、演者として演じることにのみ道徳的な価値の理解を深める効果が得られるといった誤解や、演じれば何かが分かるといった見ている側の観客の役割の軽視が考えられます。文部科学省もこのような点に対して、「授業の中に適切に取り入れ、体験的行為や活動を通じて学んだ内容からも道徳的価値の意義などについて考えを深めるようにする」と指摘しています。そこで、しっかりと道徳的問題を明確にし、演じた児童の演者と見ている児童の観客とで道徳的価値の理解を深め合うことができるように、役割演技の効果を授業中で発揮させる「演者と見ている児童の観客の学びをつなぐ話し合い」を授業の中に位置付けています。

1時間の授業の流れの中で紹介すると、次のようになります。まず、教材を読み、発問を通して、主人公の心情や判断など場面の状況を控えさせていきます。演じる前提となる状況や控えを整えます。加えて、発言を聞き分けながら、主役を演じられる児童を探していきます。そして、役割演技を行うことを子どもたちに知らせます。

役割演技は、意義や意味について考える中心発問を行った場面で取り入れることが多いと思われます。「泣いた赤鬼」の場合は、最後の場面の続きに取り入れます。演じる児童を教師が適切に指名していきます。このとき、いずれかの登場人物の心情や状況について自我関与がしっかり深まったと思われる児童を演者として意図的に指名します。ここがねらいに迫れるかどうかのポイントです。そして、場面設定を行っていきます。

（中略）

＊役割演技の進め方については、本書第2章第8節を参照

実際に授業で行った役割演技では、赤鬼が「青鬼くーん」と大きな声で何度も呼び掛けていたり、次の山にもどんどん青鬼君を探すために出かけていったりしようとする場面が演じられました。一方の旅に出ている青鬼君は、すでに山を二つくらい進んでいて、途中で来た方を振り返るという仕草を見せる様子が演じられました。

役割演技の後、見ていた観客である児童に、青鬼君について発表してもらうと、赤鬼が「青鬼くーん」と呼び掛けていた様子について次のような意見が出されました。

・青鬼さんがどこかで聞いてくれているのではないか。

・見つかったらいいなーと思っていたんじゃないか。

・声が聞こえたり返事をしたりしてほしいと願っ

ていた。
・青鬼さんの気持ちに気づいてあげられなかったから後悔しているのではないか。
・自分は人間と仲良くなれたけど，人間と仲良くなれたことで頭がいっぱいで，青鬼君の気持ちを考えていなかったと思っているのではないか。
　一方，青鬼君が途中で来た道を振り返った様子については，次のような指摘がありました。
・赤鬼さんのことを青鬼さんも考えていたんじゃないか。
・赤鬼さんは幸せになっているかなぁということを心配していた。
・幸せになってほしいなぁと思う一方で，自分も赤鬼さんと友達でいたいとも思っているのではないか。
　そして，観客の発表の後，演者に考えていたことを発表してもらうと，演者の赤鬼君は，
・青鬼君に早く追いついて会いたいと思っていた。
・自分のことをかばってくれた大切な友達の青鬼が嫌われるようなことにはなってほしくないから，人間たちに本当のことを話したいと思っていた。
・今は人間たちを説得して，青鬼さんと仲良く暮らしたいと思っている。
というような発表がありました。
　一方，青鬼君は，
・赤鬼さんに対して，人間たちとうまくやっているといいなあと願っている。
・旅に出ても赤鬼君のことを考えている。
という発表もありました。さらに，演者の青鬼君の感想を聞いた赤鬼君は，「人間たちと嫌われてもいいから，自分の力で一から友達作りをやり直すから，青鬼さんと一緒にいたい」と，友達を犠牲にして人間たちと過ごすことよりも，青鬼君の誤解を解き，なおかつ自分自身で人間たちとの関係を作り直したいという強い願いを発表しました。
　授業が終わった後は，今回の授業が子どもたちの学びにつながっていたのかどうか，子どもたちに書いてもらったワークシートと照らし合わせて，授業を振り返り，次の授業作りに生かしていきます。
　これで，私の提案を終了させていただきます。
浅井　授業づくりの手順というか，どうやって役割演技を取り入れた道徳の授業を作ったらいいかについて，具体的に教えていただきました。
　さて，ここからは，シンポジストの若手の先生方に，自分ならどういうねらいをもって，どんな授業をするかについて発表してもらいたいと思います。

■ シンポジスト提案

百々　私が授業をするなら，オーソドックスではないかもしれませんが，ズバリ発問は「この3人

の中で，最も友情に厚いのは誰だろう？　並び変えてみよう」とします。友情に厚いという言葉を使いたいです。語彙の拡充も図りたいです。
　例えばA君が，①赤鬼，②町人，③青鬼と並べたとします。意見を聞いたときに，「赤鬼は涙を流すほど本当の友情に気付いたんじゃないのか」とか，「青鬼が最初提案したときに，いや，それは君を傷つけたくないよという提案をしている。だから，赤鬼は友情に厚いんじゃないか」と。「村人は，見た目で判断してるからよくない。でも，助けてくれた赤鬼に対して感謝をしてくれている。これはきちんと友情にこたえているんじゃないか」という意見が出ると思います。
　また，「青鬼は結局後悔させているんじゃないか。ちょっと安易な判断だったんじゃないか。もっといい案があったんじゃないか」という考えでこのように並べたとしましょう。それに対して，B君は違う並べ方をした

とします。そして，ここでの意見の発表が，ただの発表会になってしまわないように，B君の意見を聞く前に予想や想像をさせます。「どうしてその子はそういうふうに考えたんだろう」と一度立ち止って考えさせたいと思います。すると，「わざわざ悪者になるなんてすごいことだ」「痛い思いをしてしまったり自己犠牲をするなんてすごいことだ」っていうことで，第一は青鬼。それに対して，「村人は同じように，青鬼とも仲良くなれたんじゃないの」とか「恩人として扱うことはすばらしいことだ。それに対して，赤鬼は自分勝手でしょ。人間と仲良くなりたいからって，後悔しても遅いよ。演技だとしても殴るなんてひどい」という考えもあると思います。
　意見を出し合う中で，「ああそうか」と気付くこともあると思うんですよ。そこで，再び整理する。出てきた意見を並べてみる。確かにいい部分や道徳的な価値が高いことや，価値の低いことも出てくると思うんです。それで，もう一度考えさせるんです。次は，数値で。「どれくらい道徳的な価値が登場人物にはあるんだろう。1～5の数値で並べてごらん」と。
　「赤鬼君は友情に気付けたんだから，もっと高いよ」と。「いやいや，それは分かるけど，やっぱり殴ったりするのはよくないんじゃない」と，教室内で議論させていく。自分の解とは違ってくると思うんですけども，それなりに全体としての納得解を作り上げるというのはありなのかなと思います。
　最後に，感想として，①何を学びましたか，②どのように学びましたか，そして，③どう生かしていこうと思いますかの三つの視点で感想を書か

せます。すると，ただ罫線があってそこに感想を自由にどうぞっていうよりも，書きやすさも出てくると思いますし，やはり視点があるので，教師も読み取りやすくなると思います。

浅井 授業づくりの中で，心のバロメーターみたいに，見える化を図り，「友情に厚いのは誰？」という発問も面白いんじゃないかなって思いました。

青木 本校は，児童が住んでいる地域によって二つの中学校に分かれて進学をするという珍しい学校です。三か月後に旧友との別れを控えた子どもたちに，「友情と信頼」についてすごく考えやすい教材がこの「泣いた赤鬼」だと思います。

授業の前に，アンケートを取ろうと思います。内容は，「仲の良い友達と離れても平気ですか？不安ですか？」というものです。予想としては，おそらく平気という答えが多いとは思うんですけれども，何人かは不安を抱いている児童がいたり，中には本当に心から平気と思っている児童がいるのではないかと思います。

授業は次のように進めたいと考えています。

まず，青鬼の気持ちを中心に考えさせます。「自分は悪者になって人間に害をなして，そんな自分を成敗させる」「赤鬼の前から姿を消す」の二つのことについて，子どもたちに多面的・多角的に考えてほしいと思います。

授業の冒頭でアンケートの結果を知らせた後に，初発問として「離れていても，友情は成立するのか」という目当てを提示します。そして，物語を読み，その後に二つの行動について青鬼側の気持ちを考えさせます。

そして，全員参加型の授業を目指します。方法はたくさんあると思うのですが，私の授業では，意見を考えさせた後に，全員を起立させます。そして，順番に発言させていき，まだ順番が来ない子でも，自分と同じ意見が出た場合は座るという方法です。残っている子どもたちの意見もどんどんまとめていき，友達の意見が見えるように板書をしていきます。

次に，もう一つの赤鬼の前から姿を消した時の青鬼の気持ちについて考えさせます。その後，二つの行動について，赤鬼側の気持ちを考えさせようと思います。そして二つの角度からの意見が出たところで，「仲のいい友達と離れていても友情は成立するのかどうか」について，グループごとで話し合いを進めて行こうと考えています。その意見を交流させながら，友情ということについて考えさせていきます。

ここからは，先ほどのシンポジストの先生方のお話を聞かせていただいて感じたことについて，少し話をさせていただきます。

まず竹内先生の発表では，指導要領を踏まえた上での実際のスキルを目の前で見させていただきました。いざ授業をやると，今私がやっているように，教壇の前からなかなか動かないということがよくあるんですけれども，あれだけ動かれて子どもたちの方に近寄って，一人一人の書いていることを見取っていく作業というのは，すごく大事と改めて思いました。

岡田先生が言われた「納得解」という言葉を初めて耳にしました。いくつもの指導案を調べてくださり，そして実際の子どもたちの発言を聞かせてくださったことで，すごく納得できる手立てを考えておられると思いました。

北川先生の「役割演技」については，私もすごく期待していました。その中で大事なのが，理解が深まっている児童を指名することだと思いました。そして，見ている子どもたちにも，役割演技をしている子の表情，仕草を注意して見ようと，活動の指示を与えて，全員が参加できるような状況を作られるっていうところが大変勉強になりました。

そこで，このような考えをもたれるまでに，どのような経験をされて，ご自身の確立した考えを持つようになられたのかを教えていただければ，すごく勉強になると思いました。

浅井 青木先生には，「離れていても友情は成立するのか」という問いを投げかけていただきました。

田中 大学を卒業生して今5年目ですので，道徳の授業はまだまだだと思っていますが，自分なりにいろいろ考えたことを，今日はお伝えしたいと思います。

自分がこれまでの5年間道徳の授業をやってくる中で，授業づくりとして四つポイントを大事にしてきました。一つ目は，「ねらい」です。やはりどの授業も，ねらいを達成しないと，いい授業とは言えないと思います。「今までは，自分のことしか考えていなかったけれども，授業を通して，友達とか，相手のことも考えるようになった」ということがゴールであれば，それを身に付けさせるためにいろいろ方法を考えていきます。

二つ目は，「教材に興味を持たせる工夫」です。自分とこれまで話された先生方と違うのは，最初に教材に関する発問をしてから資料を読むということです。その資料を読んだときに，子どもたちは本当に資料に興味があるのかなと感じます。そこで，発問を一つ入れて，その教材について興味をもたせられるような工夫を入れてはどうかなと考えました。

三つ目は，「思考を刺激するような中心発問を考える」ということです。そして四つ目は，資料を物語だけで終わらせず，自分に落とすところ，こ

れが道徳では一番大事だなと思っています。「みんなはどうかな？」と最後に考えさせる場面をすごく大事にしています。

今日は、その中の「教材に興味をもたせる工夫」の所を中心に説明します。最初に、「皆さん良い友達とはどのような友達ですか？」とざっくり聞きます。そうすると、小学4年生の子どもたちは、うーんって色々考えます。考えた結果、例えば「助けてくれる」「手伝ってくれる」「信頼できる」「大切にできる」といった、自分にとって有益とか、自分にとっていいと思うことがたくさん出てくるんじゃないかなと思います。それをまず確認しておきます。

その後、教科書に移ります。教科書教材を活用するための三つのポイントがあると考えています。一つ目が構成要素に分けるということ。構成要素には、題名とか、イラストとかたくさんありますが、そのイラスト一つ一つにも絶対何かしらの意味があると思います。その意味をつかむ。それから、段落ごとに文章を確認していく。その一つ一つの段落にもきっと意味があるんじゃないかと考えて分けていきます。「なんでこのイラストなんだろう」といった「なぜ？」と思う部分を子どもたちに問うことで、子どもたちもきっと考えたいという気持ちになっていくのではないかと思います。最後に、その構成要素を関連させて、教材に興味をもたせていこうと思います。

授業では「友達ってなんですか」って聞いた後に、「赤鬼と青鬼は、とっても仲良しです。だけど、今日読む話のタイトルは『泣いた赤鬼』ですね。なんで仲良しなのに『泣いた赤鬼』なんでしょう？」って聞いてみます。「ええっ。なんか喧嘩したんじゃないの」とか、「なんかトラブルがあったんじゃない」とか、子どもなりに一杯意見が出て、ここでも教材に興味が及ぶようになると思います。そして、「実は読み物の中にこんな絵があるんだよね」って絵を見せます。「これどっちが泣いてる？」「青鬼だね、泣いているの」。ここで、ズレが生じます。「え、なんで泣いた赤鬼がタイトルなのに、青鬼が泣いてるの？　どういうこと？」という感じになって、「でも、赤鬼も泣いてるんだよ」っと、違う場面の絵を見せます。「手紙を見て泣いてるんだ赤鬼は」、「えっ、どういう話なんだろう」といった流れです。このように興味を持たせることによって、じゃあ今から読んでいくねと言って教科書に入っていきます。そうすると子どもたちは、そういう意味だったんだと理解をしながら物語をとらえることができるんじゃないかなと思います。

その後の中心発問は、竹内先生と一緒で、「友情」をねらいとしたいと考えています。手紙を見た赤鬼のところがやはり心情の変化があるところなので、ここを子どもたちに問うと、今まで自分しか考えていなかったけど、青鬼のことも考えなきゃっていうような流れになるんじゃないかでしょうか。

最後の自分の身近に落とすところで、導入と全く同じ「良い友達とは、どのような友達ですか？」という発問をします。そうすると、子どもたちは、青鬼のこととか赤鬼のこととかがしっかり自分の中に落ちているので、「さっきは自分中心だったけど、相談できる」「相談に乗れる」「相手のことも考えることができる」と言ったように、自分だけじゃなくて、相手のことも考えるような、相手にも得があるような考えが出てくると思います。そうすることで、最初に分かった考えがぎゅーっとその友情っていう部分に収束していくんではないでしょうか。

こういう「泣いた赤鬼」のような教材は、いろんな方向から授業を考えることができると思います。しかし、それをすると、どこがゴールなのかが分からなくなってしまいます。だから、自分は学級の実態を見て考えます。「自分しか考えていない子が多いな」と思ったら、友情というねらいに合わせて、それに向かって授業を考えていきます。

最後に、北川先生に役割演技についての質問があります。実際子どもたちがなりきってそれを見て考える。でも、実際になりきるときに絶対に演技が苦手な子がいると思うんです。そういう子に対してどんな手立てというか、支援をするのか。そういう子をなくすためには、絶対に学級経営が必要だと思うので、どんな学級経営をしていってるのかっていうのがとっても気になりました。

浅井　この後、みなさんにワークショップをやってもらう前に、この「泣いた赤鬼」の絵本がどんなものなのかというのを長谷川よしよさんに調べていただきましたので、その報告を受けながら、保護者としてこの題材をどう教えてほしいかっていう願いみたいなものを聞かせていただこうと思います。

長谷川　保護者、地域代表としてお話をさせていただきます。

「泣いた赤鬼」は、何歳になっても胸にぐっとくる物語です。小学校に入ると友達ができます。友達と喧嘩をしたり、友達関係で悩んだり、時にはトラブルになります。ゲームをする子どもが増えて、友達同士で遊ぶ機会が減り、コミュニケーションをとるのが下手になったとも言われます。

保護者は、いつの時代も、良い友達関係を築いていってほしいと願っています。それには、どんなことが大切か、子どもたちに深く考えてほしいです。

「泣いた赤鬼」は，友達関係を二人の鬼の立場で考えることができるお話です。赤鬼と青鬼のそれぞれの性格，気持ちが文章から読み取れます。実際の友達も性格は違うものです。そして，人もみんな性格が違います。

考え方も違います。そこにも気づいてほしいです。青鬼がなぜ自己犠牲をしたかのわけ，旅に出た気持ち，赤鬼が人間と友達になれた時の気持ちと，青鬼の手紙を読んだ時の気持ちを，それぞれの気持ちになってみたり，自分ならばと置き換えてみたり，いろいろできると思います。

また，クラスの友達の様々な気持ち，意見を聞いて，今までは自分が考えることをしなかったことに気が付いて，本当の友達について，考えるようになってほしいと願います。

教材として，「泣いた赤鬼」が選ばれたとき，何冊か借りたり買ったりして読んでみました。原文そのままの絵本の中に，教科書に載っていない青鬼の「何か一つのめぼしいことを成し遂げるときには，きっとどこかで，痛い思いか，損をしなくちゃならないのさ。だれかが犠牲に，身代わりになるのでなきゃできないさ」（浜田廣介・作，梶山俊夫・絵，偕成社）という言葉があります。この言葉で子どもたちの心はとても揺らぐと思います。なぜ載せなかったのかなと思いました。

また，絵から受ける印象はとても大きいと思います。いもとようこさんや，つちだのぶこさんの絵は，ふんわりとして優しく，かわいい印象があります。先ほどの梶山俊夫さんが描いた絵本はそういうのではありませんが，村人とお茶を楽しく飲むところは原文に忠実で，椅子に座る様子，機織りのお部屋の様子も描かれています。旅に出た青鬼の家の前で赤鬼が泣く所は，原文は，戸に，手をかけて，顔を押し付け，しくしくと涙を流して泣きました。しかし，絵本の中では，片膝をついています。きっと，教科書によって，文章や絵が違うのだろうと思いました。こういうことも意外に子どもが受ける印象は変わると思います。

この教材に限らず，道徳の授業では，子どもたちからたくさんの思いが出ると思います。友達の意見に耳を傾けて，自分が考えなかったことを，友達が発言する時こそ，たくさん心が揺さぶられてほしいです。そして，自分自身にしっかり問うことができれば，考えや行動が変わると思います。道徳の授業がそうあることを願います。また，機会があるならば，保護者や地域の人と一緒に授業をしてほしいと思います。

浅井 素材の研究の仕方の一つとして，絵本をこれだけ見ると，イラストも違うし，文章表現も違う。その取り上げ方も教科書会社によって当然違って

くる。こういったことを通して，教材研究の在り方とか，発問の在り方を勉強することができたと思いました。

ワークショップ後の各班の発表

1班発表者 教材の興味の持たせ方というのが，とても面白く思いました。教材を読まない生徒もいると思うので，そこにどう行きつかせるかがとても参考になりました。

2班発表者 自分たちの班では，授業をどうやっていこうかということが話題になりました。

今回のテーマが「友情，友達関係」なので，最後で赤鬼が泣いている所で，友情関係が大事であることを深め合っていく授業展開がいいのではないかという案が出ました。

3班発表者 以前の道徳の授業では，登場人物一人に絞って進めていかなくてはならないというのがルールだったそうです。私たちの班では，百々先生が言われたように，「3人を友情が熱い順に並べるとどうなるのか」というように，なるべく全体の登場人物を見て話を進めていくことが重要であるという話をしました。その後，北川先生の役割演技について，演技が苦手な子に対してどうするかということが話題になりました。

4班発表者 色々な手立てがある中で，教材の立場を理解し，ねらいに本当に迫れているかを考えることが重要であると思いました。意見が発表できない子どもについて，全員参加型という話がありましたが，別に意見発表ができないならできないでいいじゃないかという意見も出ました。なぜなら，道徳のねらいは，意見発表することではないからです。ただ，意見発表できない子を放置するわけにはいかない。それならば，発表できない子の気持ちを「見取る」ことをすればいいと思います。子どもの反応は色々で，積極的に考える子も，ボーっとしていそうで考えている子も，発問した瞬間に肘をついて「うーん」と考える子もいます。そういったところを，見取っていく。突っ込んでいく。こういうことを大事にしていきたいという意見が出ました。範読しながら子どもを見て，子どもの反応を感じ取りながら授業を進めていく。発問した瞬間の子どもの反応を見て「ここは発言させたいな」ということを感じ取れるようになれるといいと思いました。

5班発表者 僕たちの班では，どういう風に役割演技をやっていくのかというところで，演技がうまいかではなくて，一番感情が分かっている子に割り当てるという話に関心が集まりました。低学年の子は演技をしても滅茶苦茶になって遊戯みたいになってしまうのではないか，高学年の子は演技をしていく中で登場人物の感情を深く理解しながらより良い議論ができるのではないかと思いま

した。低学年の子でも、一回やらせてみることで、体を動かすことになるので、物語の理解を深めることができるようになると思いました。

6班発表者 私のグループでは、大学生が素直に感じたことを聞いてみました。岡田先生の「中学生はなかなか本音を言わないよ」という話で、村人の立場だと、「鬼の見た目がいけないんじゃない?」という意見も人権に結び付けることができていいなという意見や、役割演技の仕方で感情移入が変わってしまうのではないかという意見も出ました。

7班発表者 北川先生に質問があります。役割演技の指名をするとき、どういう判断で、その子が人物の心情を理解できているのかを知るのかということを教えていただきたいと思います。

8班発表者 春から高校教員として働くのですが、高校にも道徳教育の概念があるということで、少しでも参考になればと思い、今回参加させていただきました。先生方は、生徒がもつ色々な考えをどう引き出すか、綿密な準備をされていました。もっと勉強を進めたいと思います。

9班発表者 方法は様々ですが、題材のねらいに落とし込むことが重要であるということを全員の先生方が意識されており、その上で生徒がどのような意見をもつのかということを考えながら教材研究することが難しいと思いました。

10班発表者 学生が道徳の授業に触れることは少ないと思うので、これまでの理解は浅いものであったと感じています。今日の話を聞いて、道徳の中で生きてくるのは、謙虚や反省など自分の心を見つめ直すことであると深く感じました。失敗をして得るものがあると思い、道徳は失敗を攻めるようなことはないと思うので、自分を見つめ直す機会を得るのかなと感じました。

11班発表者 一番印象に残ったのは、道徳に限らず、生徒の意見を深めていくということ。その中で、生徒の意見をどのように引き出していくのかについてが参考になりました。

12班発表者 授業をどのように構想するか、中学生の場合で考えました。中学生の難しい意見を参考にして、「生き方、より良い方法を探していく」という解決型の授業です。今回は赤鬼が泣いてしまうという悲しい結末でしたが、もっと良い方法はなかったのかということを考えることで、問題解決型の授業ができるのではないかと思いました。主体的な授業に対応していない生徒のために、どのように対応していくか。現在はまだ一斉教授が主流で、アクティブ・ラーニングに慣れている子どもも多くないと思いますが、そのような生徒に主体的な授業に慣れさせるためにどのように教えていくかということを議論しました。

13班発表者 先生方それぞれに引き出しがたく

んあり、アプローチの仕方もたくさんあると感じました。岡田先生の本の主題から入るというアプローチが凄いなと思いました。中学校の授業で生徒から差別に関して「仕方ない」という意見が出たときに、大学生では困ると思います。「仕方ない」というのは一種の諦めであるので、道徳の授業の中でより良い方法はないのだろうかと問い、納得解が見つかれば、意味のあるものになると思いました。

14班発表者 一つの教材でたくさんの方法やたくさんの展開があり、子どもの実態に合わせて授業をすることが重要であると改めて感じました。長谷川さんの「地域の意見を取り入れる」という言葉が印象に残りました。

質問に対する回答

Q	役割演技が苦手な子への対応、意図的な指名について

北川 皆さんにとっては「演技」という言葉のイメージが非常に大きいと思います。「演技」というイメージから、うまく演技ができないと授業にならないと思っている方がたくさんいらっしゃると思うのですが、私は逆に演じなくても意味があると思っています。重要なことは、演じる人の表情や仕草に注目して話し合いを行うということです。ただ、子どもたちに「役割演技をしましょう」とだけ言ってしまうと、やはり何かを言わなくてはいけないという風に誤解されるということもあります。私は、最近は子どもたちには、「**役割遊び**をして道徳の勉強をしていきましょう」という風に言っています。「遊びの中にもルールがある」ということを守るように言っています。その一つは、よく視ること。ただ視るだけではなく、視ながら、表情・仕草を視て、「どんなことを思っているのか、何を感じているのかということを、一生懸命考えて下さい」と言っています。二つ目は「よく聴く」ということです。何かを言った時だけではなく、言わなかったときも「なぜ言わなかったのかな」ということを考えるようにさせています。この「視る」、「聴く」、そして「考える」というルールを徹底して、展開していきます。

演者の意図的指名についてですが、「泣いた赤鬼」の発問を六つ提示させて頂きました。その発問の中で、誰が青鬼の心情に寄り添っていける子なのかを選んでいきます。具体的には、「赤鬼はどんな気持ちで青鬼の頭をポカポカ殴っているでしょう?」という赤鬼の気持ちを聞きながら、'青鬼さん探し'をしています。「どうしても人間と仲良くなりたい。赤鬼君なら大丈夫」という風に思って、発言した子に、「一体何を心配しているの?」と問い返すと、「青鬼君が、僕のことをこう思ってやってくれている(犠牲になってくれている)のでは

ないか」と答える。こういった青鬼の気持ちに寄り添った子を見つけていくことができるという考え方です。そして，こんな発問の中でも見つけていきます。「青鬼の家の貼り紙を読んでしくしくと泣いている赤鬼を見てどう思ったでしょう？」という発問を通して，「後悔」に気づけている子は誰なのかを探していきます。この演者の指名が重要だと言ったのは，役割演技後の話し合いのねらいに直結するからです。心情が深まっていない子を指名して演技をさせると，「楽しかった」「面白かった」という授業に終始してしまいがちです。しかし，しっかり心情を理解できている子が演じてくれれば，その行動の意味についてしっかりと話し合いを深めることができる，という考え方から，**意図的指名**を行っています。

Q	小学校の高学年から中学生にかけて，なかなか本音を言わなくなる。消極的になり，発表が少なくなるが？

岡田 問題解決的な学習で，問題解決は誰がするのか。道徳というのは，道徳的価値をどう考えるか，生き方の問題としてどう考えるかが大切です。「生き方」の問題を解決するのは誰なのか？ それは自分です。問題解決をするとき，その考えをもつのは自分なんです。自分が，話を聞いたり映画を観たりして，「いい」と思ったときに，「僕は，こう思ったけど他の人はどうだろう？」というように知りたくなります。それを授業の中に取り入れて，再認識していく，高め合っていく，同じ空間の「学校」にいる人たちと真剣に考えていく。これが自分の納得解，問題解決に近づく方法ではないかと思います。

もう一つ，自分がいいと思う意見，自分には無かった意見を聞いて，人はハッと思うだけではないと思います。過去に聞いたことがある言葉だったとしても，改めて授業で取り上げて，議論していくことによって，腹の中にドンと落ちる。つまり，発言内容や発言の中身以外のものもくっついて，自分の理解になっていく。問題解決的というのは，知らなかったことを段階的に構築し理解していくものではなくて，改めてもう一回自分自身に問う，分かっていたと思っていたけれどもう一度考え直してみる。そういうことの先にあるものだと思います。「仕方ない」と言って，「そうだね」で終わらない。人間は誰しもよりよく生きたいと思っていますから，「仕方ないけど」の先にどうしようかと必ず考える。悩みが大きく問題解決できないようなテーマならば，なおさらです。悩んで人は黙るのですが，その空間・時間も問題解決の一つの手立てであると思うので，話し合う以外の静かな間，意見が出ない時の考えている空間，この提供が45分，50分の授業の中にあっても全然良いと思います。

中村 北川先生が言われたように，教科書になったので，もう教師が勝手なことはできません。友情であろうが信頼であろうが，決まった教材と決まったねらいで授業をやらなければなりません。だからこそ，しっかりと教材を読み込まないと授業にならないのです。教師に今までよりよほど教材を読む力がないと，良い道徳の授業にすることはできないのです。

「道徳の教科化とは何だったのか」を振り返ってみます。「教科化したら道徳性が高まる」，「教科化したらいじめはなくなる」なんて道徳の専門家は誰も思っていません。

「教科化したら道徳の授業時間は増える」，文科省のねらいの一つはここにありました。道徳の授業の「量的確保」です。教科化したら評価もついてくるから，先生方はやらざるを得ないだろう。なのに，実態としては道徳の授業は増えていません。

そしてもう一つ，教科化したら道徳の授業は充実するだろうという期待もありました。専門家の人たちは，これが道徳の授業を充実させる絶好の機会だと言っていました。その授業の充実すら，今おかしな状況になっています。しかし，今ここでやらないと，もう二度と道徳の授業が充実することはないでしょう。

道徳の教科化に続いて，学習指導要領の改訂も行われました。道徳の教科化と学習指導要領の改訂は別物ではなくて，一連の改訂として行われているのです。道徳は緊急性があるということで2年間前倒しして行われただけであって，道徳も新学習指導要領の趣旨に添っていかなければなりません。つまり道徳も「**主体的・対話的で，深い学び**」を目指さなければならないということです。

新学習指導要領で大きく変わったのは，三つだけだと思っています。一つ目は，「**何ができるようになるのか，何を学ぶのか，どのように学ぶのか**」をはっきりさせた授業をしろということです。本当に大事なのは何ができるようになるかであるのに，現場で議論されてるのは方法のことばかりです。違います。何ができるようになるかを決めれば，自ずと何を学ぶのか，どのように学ぶのかが決まってくるんです。

二つ目は，この「**何ができるようになるのか**」を，**三つの柱で再整理**したことです。「学びに向かう力と人間性」と「知識・技能」と「思考力・判断力・表現力」の三つです。これは，とてつもなく大きい変化なのです。それは，評価の観点を見てみれば分かります。これまでの評価は4観点でした。

これが「知識・技能」,「思考・判断・表現」,「主体的に学習に取り組む態度」の三つになります。これが,「教育の2020年問題」です。「主体的に学習に取り組む態度」は,求める姿をより明確にしたものです。これまで関心・意欲・態度と言いながら,先生方がやっていたのは提出物がどうだ,発言の回数がどうだというような評価でした。このままではだめだから,主体的に学習に取り組む態度という言葉に変えたんです。

そして,もっと大きいのは,知識及び技能の割合が2分の1から3分の1へ減ったことです。そして,思考力・判断力・表現力の割合が増えました。何故かと言えば,いよいよ思考力・判断力・表現力を子どもたちに獲得させることが,現場の教師の大命題になったということなのです。

今日これまでに,「主体的に学ばせるにはどうしたらいいか。何を教えたらいいか。子どもたちを主体的にするために何を教えたらいいか」という議論がありましたが,この考え方自体がおかしいと思うのです。教えることもあるけれど,多くの部分を「いかに学ばせるか」に変えていかないといけないんです。

話を道徳に戻せば,「考え,議論する道徳」という言葉自体が,私はおかしいと思っています。道徳の授業の目標は,道徳性の向上です。では,考えて議論したら道徳性が高まるのでしょうか。考える子を育てることは道徳の目標です。しかし,議論できる子を育てることは,道徳科の目標ではないんです。議論だけうまくなっても仕方がないんです。

重要なのは,議論の先に何があるのかであって,議論の先になければならないのは「さらに深く考える」です。「さらに深く考える」ために議論させるんです。だから,本当に求められているのは,「考え,議論し,さらに深く考える道徳」なんです。

では,さらに深く考えさせるためには何が大切なのかというと,「何を問うか」「どう問うか」ということで,その中で最も重要なのが中心発問です。この中心発問を核とした授業づくりが求められているのです。そして,中心発問の問い方を工夫することで,「問題解決的な学習」や「役割演技を取り入れた学習」にもなっていくと思っています。

また,質の高い中心発問を作り出すためには,深い教材理解がなければなりませんが,それだけでは授業はうまくいきません。「対話」ができていないからです。その対話ができるようになるためには,まずは教師が対話力を付け,教室の「学びの風土」を育てていくことが重要です。

新学習指導要領の中学校の道徳科の目標を見て問題になるのが,「道徳的諸価値についての理解」という言葉です。これを読んで「理解させることも目標だ」という人がいます。しかし,よく読め

ば「道徳的諸価値の理解の基に」と書いてあります。つまり,これは道徳性を高めるための前提条件なのです。道徳性を高めるためにはまず理解がなきゃだめです。でも,理解したからといって,道徳性が高まったことにはなりません。その理解をいかに「自覚」に持っていくか,「より深い理解」に持っていくか。

新学習指導要領では,「主体的・対話的で,深い学び」が求められていますが,道徳の授業が,最も「主体的・対話的で,深い学び」を求められているのではないでしょうか。なぜかと言えば,主体的・対話的でなければ道徳の授業が成立しないからです。考えること自体がとても主体的な活動なのです。一人でも考えることはできます。道徳的なことも考えらます。映画を見ても,本を読んでも,道徳性が高まることがあります。しかし,それは道徳の授業ではありません。道徳の授業は,集団でやるところに意味があります。この道徳科の授業で主体的・対話的で,深い学びができるようにし,それが他の教科でもできるように広げていくことが,今求められていると思っています。

道徳性はそう簡単には高まりません。年間35時間の道徳の授業をやって,今日は節度・節制が高まった,今日は友情が高まった,今日は思いやりが高まったというように,毎回毎回その道徳性が高まっていったら変です。文科省も,「1時間の授業で道徳性が高まったか見取るのは,困難だ」と言っています。しかし,道徳の授業でやれることがあります。それは,学級全体が道徳的になるということです。これを目指して道徳の授業をやっていけばいいとい思います。

平山 今日のフォーラムに皆さんが主体的にかかわってくださり,そのきっかけを登壇者の方々がお話の中で作ってくださいました。今日のこの雰囲気を,わが学級で,それぞれの職場で,地域で,家庭で作るにはどうしたらいいんでしょうか。

まさに自分なりのKR,自分なりの10年後20年後のKRをいかに進化させるかが,私たち教員の一つの指標かなと思いながらうかがっていました。

竹内稔博先生も盛んにおっしゃっていましたが,子どもに振って考えることが大切だと思います。「あの子いかにも考えていないじゃないかな」と思っても,考えている子はいます。頭の考えの回路を打ち切るのも教師なんです。教師の表情も一つの言葉なんです。そして,初心者の人がついついやってしまうのが,子どもたちがみんな手を挙げているのに,授業の終盤になるほど,同じ子ばかりを指名してしまうことです。ほかの子はどうなの。ほかの子も考えているんです。先生が言った途端に,もう子どもとの信頼関係はパチンという風になってしまうこともあります。

竹内稔博先生，岡田幸博先生が言われたように「対応の仕方」が重要で，言葉だけではなく，表情とかそうした側面も大切です。そして，これなんかも誤解されている用語だと思っていますが，「メンター」です。

私は，「親和」を承認欲求とする日本語訳が大好きです。やはり，そういう認めるということ。ですから，岡田幸博先生が絶えずおっしゃっているのが，まさに分かり合ってる仲間を認めるっている。あいつがでもこう言ったぞ。そこを先生がそうだ，うまいこと言ったなと。自分たちもついていかないといけない，というような部分です。

私なりのキーワードとして，「メラビアンの法則」というものがあります。この言葉も，いろんな点で誤解されています。「俺はお前のことを考えているよ」と子どもの目を見ずに，他ごとをしながら言う。誰が聞きますか。

これは，役割演技にもつながります。「いじめしていいの？」と自分に突きつけられると，ここはこういうことを言わないといけないというようなことが出てくる。

教科化された教科書と学習指導要領のところでは，まさにその実際の子どもたちの切迫する，自分がその場に立ったらどうするかということを発することができる。まさに流れの中だからこそ，その子の本音とかですね。よく言われるのは，落とし物を拾ったらどうするという問題。ネコババしたらどうする。いや，警察に届ける。この中では流れでネコババするシーンがうまく描かれている。それを北川沙織先生は，そういう場面の時に，一番そういう気持ちの表情とかの話がありました。ぜひともまた，メラビアンを復習していただければと思います。私の中では，都合のいい発言を教師が肯定するような，まさにＫＲしているつもりでも，実は一番していないような部分にまさになりがちな部分が道徳では見抜かれやすいと思いました。

今日，多くの先生がおっしゃっていましたが，「授業での対話力」あるいは「学級経営」の問題。これに関して。**四者の理論**というものがあります。今日のフォーラムで，私がスタッフにこだわってお

願いしていたのは，ペアの話し合いと４人のグループでの話し合いです。４人ですと，必ず本当にやる気がない時には，誰かが一者。例えば，今日も元気のあるOBの先生方。もしその先生が一人で話して，他の先生方が「ああ，この先生が話してくれると議論が進む」と思っている。それだと深掘りがないんですよ。大変失礼ですが，言った人はみんな満足感がある。ですが，そう言うときに言っ

たことが一者です。それに対して聴けるの二者です。三者は諦めます。四者はそれを見守ります。

生徒が一者になる。二者は受け手で，これが「うーん」という言葉を発しなくても，表情とかで感じ取る。そして，次のさばき役を常に先生が当てるのではなく，次の子がさばき役になる。適当に見守るのは，それは傍観者。まさに，次に自分が一者，二者。でもずっと考えている。頭の中で全員が考えている。それを同じ子ばっかり見ている。言う子は同じ子ばっかりとなると，四者がプツンとなる。

視覚，聴覚に関わる点では，長谷川よしよさんから「挿絵一つで変わる」いうお話がありましたが，名人芸の朗読がDVDとかICTで発信されるようになっています。これを黙って聞くのは中学生以上。やはり，先生が一者，二者，三者まさに，従来の紙芝居。子どもの様子や注意力を見ながら，次のシーンに切り替える。声色を変える。作ったものをポーンと流し，それにお任せではなく，子どもたちに主体的に関わらせていく方法をとる。その主体的にという部分は，すごく必要な部分だと思います。

評価の部分は，中村浩二先生がまとめていただいたとおり，子どもが現状，過去，そしてどう変わったかを見るためには，いろんな側面を見る教師の多面的なところが試されていると思います。

最後にお伝えしたいのは，「よい授業とは，児童・生徒と教材がしみじみとする」ということだと言うことです。まさに道徳は，この「しみじみ」が重要です。今日の会も，かなりしみじみするところがあったと思います。

今日たくさん出たのは，すべてが授業作り，学校作りという教育方法学の一番のところです。現場の先生がうなずかれるところがいっぱいあったと思います。たかが授業作り，されど授業作りです。

おわりに

　「道徳の教科化」と「学習指導要領の改訂」に合わせて，多くの学校で授業改善の取組が進められている。その様子を見ていて特徴的に感じるのは，「道徳科の授業改善に成功した学校ほど，各教科の授業改善がうまく進んでいる」ということである。道徳の教科化は，今回の学習指導要領の改訂と切り離して行われたわけではない。緊急性という観点から，道徳科の学習指導要領の改訂が，2年間前倒しで行われただけである。したがって，新しい学習指導要領で目指さなければならない「主体的・対話的で，深い学び」は，道徳科でも変わらない。道徳科の授業改善で「主体的・対話的で，深い学び」を目指した学校や授業者が，各教科の授業改善もうまく進めているということである。

　学校教育における「不易」と「流行」とは何かということが，よく議論される。「不易」とは「以前から行われてきたもので，変えずに続けてやっていくもの」であり，「流行」は「その時代の社会の変化に応じて変えていかなければならないもの」と解釈することができるが，今，授業改善をしていく上で最も考えなければならないのは，「不易」と「流行」のどちらでもなく，その間にある「もう一つのもの」ではないだろうか。その「もう一つのもの」とは，「これまでやらなればならなかったのに，やってこなかったもの」のである。

　「主体的な学び」も「対話的な学び」も，けっして新しいものではない。これまでもずっと求められてきたものであるし，心ある教師は実践してきたものである。だから，今一番必要な授業改善は，「これまでやらなければならなかったのに，やってこなかったもの」を実現していくことではないだろうか。

　そして，その授業改善の"鍵"は，実は道徳科の授業の中にある。それは，「主体的」で「対話的」でなければ，道徳科の授業自体が意味をなくしてしまうからである。絶えず子どもたちの「主体的」「対話的」な活動を求めているのが，道徳科の授業なのである。

　本著に掲載した実践例は，理論的にはまだ整理が不十分なものがあるかもしれない。しかし，どの実践も，目の前にいる子どもたちに真摯に向き合い，彼らがどうしたら道徳性を高めるか，どうしたら道徳的な問題を深く考えるようになるかを真剣に考えた学校現場から生まれた実践である。

　道徳科の授業の上手い教師は，各教科の指導も上手いと言われる。道徳科の授業力は，必ず各教科でも力を発揮する。本書をお読みいただくことを，道徳科の授業力とは何かを考え，その考えを各教科の指導にも役立てていく契機にしていただければ幸いである。

編集責任者　授業アドバイザー　中村　浩二

執筆者一覧 （所属・役職は刊行時のものです）

〈編著者・執筆者代表〉

平山　　勉　　名城大学教職センター

〈編集責任者〉

中村　浩二　　授業アドバイザー・元知多郡東浦町立片葩小学校長

〈執筆者〉…五十音順

浅井　厚視　　津島市教育長・前津島市立南小学校長

岡田　幸博　　津島市立暁中学校

北川　沙織　　名古屋市立小坂小学校

後藤　明史　　名古屋大学情報基盤センター

竹内　稔博　　知多郡東浦町立東浦中学校

田中　真人　　名古屋市立橘小学校

百々　進祐　　愛西市立佐屋西小学校

西尾　寛子　　津島市立西小学校

服部　　太　　広島大学附属小学校

濱田　蒼太　　弥富市立弥富北中学校

山本　篤司　　東海市立加木屋中学校

編著者紹介

平山勉（編者・執筆者代表）

　富山県富山市出身。

　1992 年，名古屋大学大学院教育学研究科博士課程単位取得満期退学，秋田大学教育学部附属教育実践研究指導センターで講師・助教授を歴任し，名城大学教職センター教授。

　専門は，教育方法学で映像記録の特性を生かした授業研究の方法についての研究を推進し，「教師視点を生かしたユビキタス映像記録視聴システムを活用した授業実践能力育成支援」は文部科学省科研費補助金基盤研究（C）（課題番号：19k03037：2019 年度から 2023 年度）をはじめ，8 件の科研費を研究代表者で受託し，その成果発表で，台湾やオランダ・アムステルダムの国際学会・研究会議等を行っている。

　主な著書は，『本物のアクティブ・ラーニングへの布石　授業を創る・学校を創る　教育方法学のすすめ』『今日の授業実践から明日の授業実践を創造する　教育方法学へのいざない』（いずれも編著，黎明書房）等がある。

　東海地区はじめ全国の現職教育の講師，東海教育実践研修会，MSAT 授業実践交流フォーラム事務局代表として，若手教師や将来教師との学び合いを続けている。

　趣味は，水泳。

　連絡先；hirayama@ccalumni.meijo-u.ac.jp

イラスト：伊東美貴

学校現場発，これが本物の道徳科の授業づくり
主体的・対話的で，深い学びの原点は道徳科の授業の中にある
—教育方法学のすすめ—

2020 年 1 月 15 日　初版発行	編著者	平　山　　　勉
2024 年 9 月 25 日　3 刷発行	発行者	武　馬　久　仁　裕
	印　刷	藤原印刷株式会社
	製　本	協栄製本工業株式会社

発　行　所　　　　　　　株式会社　黎明書房

〒 460-0002　名古屋市中区丸の内 3-6-27　EBS ビル
☎ 052-962-3045　FAX 052-951-9065　振替・00880-1-59001
〒 101-0047　東京連絡所・千代田区内神田 1-12-12　美土代ビル 6 階
☎ 03-3268-3470

落丁本・乱丁本はお取替します。　　　　　　ISBN978-4-654-02327-1
Ⓒ T.Hirayama, 2020, Printed in Japan

今日の授業実践から
明日の授業実践を創造する
教育方法学へのいざない

平山　勉編著　B5・136頁　2100円

現代の子どもたちを教えるための授業設計のあり方が分かる理論編と、小学校・中学校の一流現場教師による「教科・道徳の授業づくり」「総合学習」「マルチメディア教育」「学校づくり・教師づくり」の優れた実践を収録。

思考力を育む
道徳教育の理論と実践
コールバーグからハーバーマスへ

浅沼　茂編著　A5・204頁　2500円

子どもが自分の行動を反省し、その行動の価値を見つめることができる、みずからの価値への「気づき」をめざす道徳教育の理論と実践を詳述。道徳の五段階評価の基準、あり方等を提示。徳目を押しつけない道徳教育をめざす。

一冊の絵本が子どもを変える
こんなときには，こんな絵本を

多賀一郎著　A5・126頁　1900円

子どもたちの生き方を変える、絵本の選び方や読み聞かせの仕方について詳述。学級指導に活かせる「こんなときには、こんな絵本を」や、季節ごとに絵本を紹介する「絵本歳時記」などを収録。読み聞かせの仕方、絵本の選び方もアドバイス。

改訂版
一冊の本が学級を変える
クラス全員が成長する「本の教育」の進め方

多賀一郎著　A5・138頁　2100円

本の力を活かす最高の方法「読み聞かせ」のノウハウや、子どもを本好きにするレシピ、子どもの心を育む読書体験を約束する本の選び方、リストなどを紹介。第6章「こんなときは、この本を！」のリストを、改訂にあたりほとんど差し替え。

一人ひとりが聞く子どもに育つ
教室の作り方

多賀一郎著　A5・141頁　1900円

名著『全員を聞く子どもにする教室の作り方』から7年。さらに進化した全教師待望の相手の話が聞け、「対話」ができる子どもを育てるための指導の手立てを詳述。著者による協同学習の授業の指導案も収録。

個別最適な学び・協働的な学びの
考え方・進め方
個に応じた指導のより一層の充実を目指して

加藤幸次著　A5・150頁　2200円

「指導の個別化・学習の個性化」教育に長年取り組んできた著者が、Society5.0時代、予測困難なグローバル化する世界にふさわしい、一斉学習を越えた新しい授業づくりについて詳述。10の学習プログラム、ウェビングの手法などを提案。

アクティブ・ラーニングの
考え方・進め方
キー・コンピテンシーを育てる多様な授業

加藤幸次著　A5・155頁　2100円

次期学習指導要領のベースと言われる「知識を使いこなし、創造する資質・能力（キー・コンピテンシー）」を育成する指導法である「アクティブ・ラーニング」について10の授業モデルを提示し詳述。

教科等横断的な教育課程編成の
考え方・進め方
資質・能力（コンピテンシー）の育成を目指して

加藤幸次著　A5・154頁　2100円

新学習指導要領が掲げる、「教科等横断的な視点に立った教育課程」の編成の仕方や、学習方法を詳述。「教科等横断的な視点に立った教育課程」を実際に進める際に参考となる実践事例も多数紹介。

カリキュラム・マネジメントの
考え方・進め方
キー・コンピテンシーを育てる学校の教育課程の編成と改善

加藤幸次著　A5・191頁　2400円

次期学習指導要領の柱の一つ、学校が地域社会と連携・協働して「学校の教育課程（カリキュラム）」を編成し、授業の実践、評価、改善を行う「カリキュラム・マネジメント（教育課程経営）」について詳述。

＊表示価格は本体価格です。別途消費税がかかります。

■ホームページでは，新刊案内など小社刊行物の詳細な情報を提供しております。
「総合目録」もダウンロードできます。　　　　http://www.reimei-shobo.com/